worldskills China

U0822218

特别荣耀

2022年世界技能大赛特别赛奖牌背后的故事

世界技能大赛中国组委会 组织编写

中国人力资源和社会保障出版集团

中国劳动社会保障出版社 中国人事出版社

图书在版编目（CIP）数据

特别荣耀：2022年世界技能大赛特别赛奖牌背后的故事 / 世界技能大赛中国组委会组织编写. -- 北京：中国劳动社会保障出版社：中国人事出版社，2023
ISBN 978-7-5167-5840-3

Ⅰ. ①特…　Ⅱ. ①世…　Ⅲ. ①职业技能-竞赛-世界-青年读物　Ⅳ. ①C975-49

中国国家版本馆 CIP 数据核字（2023）第 029047 号

中国劳动社会保障出版社
中　国　人　事　出　版　社 **出版发行**
（北京市惠新东街 1 号　邮政编码：100029）
*
北京市艺辉印刷有限公司印刷装订　新华书店经销
787 毫米 × 1092 毫米　16 开本　12 印张　178 千字
2023 年 2 月第 1 版　2023 年 2 月第 1 次印刷
定价：28.00 元

营销中心电话：400-606-6496
出版社网址：http://www.class.com.cn

前　言

世界技能大赛是最高层级的世界性职业技能赛事，被誉为“世界技能奥林匹克”。2022 年，世界技能组织决定于 9 月中旬至 11 月下旬，在欧洲、亚洲、美洲等地区的 15 个国家和地区分散举办 2022 年世界技能大赛特别赛，作为世界技能大赛正式比赛。此次特别赛我国代表团共参加 34 个项目，获得 21 枚金牌、3 枚银牌、4 枚铜牌和 5 个优胜奖，金牌榜、团体总分再次位居世界第一，为祖国和人民赢得了荣誉。

为全面展现 2022 年世界技能大赛特别赛获奖选手在赛场上的风采，我们组织编写了《特别荣耀——2022 年世界技能大赛特别赛奖牌背后的故事》。本书讲述了获奖选手从技能入门到技能成才的励志故事，让读者跟随这些故事，了解他们在成长过程中的挫折和坎坷，感受他们的收获和喜悦。

希望获奖选手的成长经历、奋斗故事能够激励广大青年关心技能、热爱技能、投身技能，努力钻研新知识、掌握新技能、创造新业绩，走技能成才、技能报国之路。

本书由世界技能大赛中国组委会组织编写，2022 年世界技能大赛特别赛 7 个团组的宣传工作联络员翟涛、朱丹、初英智、林斌、马文思、朱爱华、蔡兵等同志负责组织收集各位获奖选手的宣传报道材料，袁宇田同志整理了各项目团队情况，中国人力资源和社会保障出版社有限公司设计开发，人力资源和社会保障部职业能力建设司对编写工作给予了指导和支持。

世界技能大赛中国组委会

2023年2月

目　录

CONTENTS

第一篇　金牌

第二篇　银牌

第三篇　铜牌

第四篇　优胜奖

worldskills

第一篇　金牌

野百合也有春天

——记重型车辆维修项目金牌获得者　蒋昕桦

在宁波技师学院有这样一位同学，他是同学们眼中刚满 18 岁就能拿到“全国技术能手”荣誉称号的牛人，是 20 岁夺得 2022 年世界技能大赛特别赛首金、实现中国代表团在世界技能大赛重型车辆维修项目金牌“零”的突破的传奇少年，但他却觉得自己没什么特别。

他就是 2022 年世界技能大赛特别赛重型车辆维修项目金牌获得者——宁波技师学院蒋昕桦，一位逆风飞翔的倔强少年。他说直到现在还感觉一切都像梦一样，有点不敢相信，因为从小到大，他从来都没有这么受欢迎、被关注。比赛结束至今，他一直都在回忆这段时间发生的点点滴滴。回到自己学习生活了 5 年的

校园，看看周围的一切，此刻的他，感觉特别幸运，也特别幸福。

从兴趣到热爱，技能让他重拾信心

2017 年中考结束后，蒋昕桦结合自己的兴趣爱好和家人的推荐，选择报考了宁波技师学院汽车维修专业。随着学习的深入，他发现职业教育不唯分数论，是理论和实践的结合。他在实训过程中，发现自己实操动手快、学习能力强。这让他在技能学习中找到了自信，这份自信重燃了他对学习的信心，让他从被动学习，变为主动学习，开启了自我蜕变的成长之路。

2018 年 12 月，他在学校重型车辆维修项目技能比赛中取得第五名，有幸加入学校重型车辆维修世赛训练团队。热爱动手实践的他，课余时间都在重型车车间内度过，与各种训练设备打交道，中午从不休息，晚自习后也会到车间训练，一直到寝室熄灯。在车间训练的他，一直在反复琢磨精准、高效的基础测量方法，进行基本功训练。他说，种下行为收获结果，十分感谢昨天刻苦训练的自己，也正是无数个昨天的努力才有了今天坚实的基础。

备赛的训练是枯燥的，世赛的竞争是激烈的。每月小考核，选拔大考核，蒋昕桦的内心目标一直是前两名。因为他心里清楚，只有前两名选手才能有机会参加省选拔赛。而那时他最好的成绩只是第 3 名，他也曾焦虑过，同时还因为焦虑和紧张，在考核中没能进入前两名，被预选赛淘汰。那一刻，他也怀疑过自己，痛定思痛后，他觉得自己要有“小强”精神，不能就这么轻易否定自己。接下来，他仔细分析自己的问题，认为自己把比赛看得太重，以至于只想着成绩，而忽略了技能本身。然后他开始把更多的时间花在基础训练上，改变了训练方法，最终收获了

2020年浙江省技能大赛重型车辆维修项目的第一名，获得了代表浙江省参加第一届全国职业技能大赛的入场券。后来，他在这届大赛中获得金牌。那一刻，他觉得野百合也有春天！

从金牌到归零，技能让他追梦未来

蒋昕桦说，非常有幸能代表国家参加2022年世界技能大赛特别赛重型车辆维修项目。2022年8月初，蒋昕桦正在企业实习，接到教练电话通知他参加2022年世界技能大赛特别赛，那一刻他觉得自己使命在肩，重新燃起了斗志。他说，起点在不断升级，追求的目标也在不断升级，每一次的归零都是重新起航，都意味着要“从心”出发。在备战集训期间，他的心态更坦然平和了，表现更自如从容了。在同全国各地老师的学习交流中，他深刻感受到了“大家”“国家”的力量，也更加坚定了技能追梦的脚步。

现在每当回想起重型车辆维修项目团队4个多月的备战时光，蒋昕桦眼前依然会闪现出一群人努力和奋斗的身影。这枚沉甸甸的金牌折射出国家对技能青年的厚爱与希冀。他十分庆幸自己能有这样的机遇，在世界舞台上展现了新时代中国技能青年的风采与风貌。

蒋昕桦说，以前自己是一个技能少年，在技能追梦的道路上不断求索，现在自己作为技能人才的一份子，将继续在技能筑梦的道路上深耕细作，培养出更多的“蒋昕桦”，让他们汇聚成一道道技能之光，照亮前方，在中华民族伟大复兴的道路上书写技能强国的新篇章。

来源：宁波技师学院

重型车辆维修项目团队

选手

蒋昕桦	宁波技师学院学生

集训基地

湖北东风汽车技师学院
宁波技师学院
宁都技师学院
山东交通技师学院
广州市交通技师学院
广西交通技师学院

技术指导专家

刘庆华	宁波技师学院正高级讲师、高级技师
刘海峰	山东交通技师学院汽车学院院长、正高级实习指导教师
蔡昶文	广州市交通技师学院副院长、正高级讲师
马秀成	沃尔沃建筑设备投资（中国）有限公司高级培训师

教练

高　吉	宁波技师学院一级实习指导教师
王朝帅	广州市交通技师学院高级讲师
段德军	山东交通技师学院高级讲师
吴　杰	湖北东风汽车技师学院教师、高级技师
彭智峰	广西柳工机械股份有限公司技术服务专家、高级技师
杨　辉	山东山推工程机械进出口有限公司工程师

翻译

王一青	上海出版印刷高等专科学校讲师
马　丽	湖北东风汽车技师学院基础课部副部长、翻译

砌刀下的“强国梦”

——记砌筑项目金牌获得者　伍远州

一铲灰，一块砖，一揉压——这份看似简单而枯燥的砌筑工作，中建五局高级技工学校（长沙建筑工程学校）青年教师伍远州已经坚持了近 7 年。1999 年出生的他正是靠着手中这把砌刀，拿下 2022 年世界技能大赛特别赛砌筑项目金牌，实现了中国在该项目的“三连冠”。

“以前不少外国专家看不起中国的砌筑技艺，认为中国人做得不标准，干不来‘高端的’，甚至故意找机会打压。这次‘三连冠’再次证明，我们中国人可

以！”伍远州自豪地说。

尽管已经问鼎世界技能大赛，但伍远州仍然觉得自己没有到达这个行业的“顶点”。“我现在的使命是传承好这一身技能，和砌筑‘新生代’共同成长。”夺金归来，伍远州继续站上讲台，为“强国梦”接力培养更多“青年工匠”。

信仰——“祖国荣誉高于一切”

2019 年 10 月 25 日，这是伍远州终生难忘的日子。20 岁的他独自离开家乡，来到中建五局高级技校担任实训教师。也是在这一天，他开始全力冲击第 46 届世界技能大赛。

少有人知的是，为了留在中建五局高级技校任教，伍远州放弃了一家企业根据人才引进政策给予的 100 万元高额补贴。“待遇对我来说并不重要，为国出征的荣誉高于一切。”伍远州告诉记者，“中建五局高级技校作为多届世界技能大赛砌筑项目中国集训基地，曾经培养过两届世界冠军，能够提供更好的设备和更科学的训练方法。我决定去中建五局高级技校，正是为了圆一个世界冠军梦”。

其实，伍远州此前已经连续两次挑战世界技能大赛。在第 44 届和第 45 届世界技能大赛砌筑项目全国选拔赛中，他都在最后一轮比赛中遗憾落选。根据世界技能大赛对选手的年龄要求，冲击第 46 届世界技能大赛，很可能成为伍远州最后一次圆梦的机会。

有了前两届的参赛经验，加上多年持之以恒的刻苦训练，2020 年 12 月，伍远州在第一届全国职业技能大赛砌筑项目中夺得第一名，并在 2021 年荣获“全国五一劳动奖章”，成功拿到了世界技能大赛的入场券。

2022 年 11 月，历经长达 7 年的淬炼，伍远州终于踏入了 2022 年世界技能大赛特别赛的赛场。和以往的挑战自我不同，这次伍远州是代表中国参赛。面对国家荣誉，哪怕是一贯状态相当稳定的伍远州，都感到前所未有的压力。“连续四五天没有睡着，几乎每天都只吃了个早餐，满脑子只想着一件事，那就是绝不能输！”

更麻烦的是，由于此次特别赛时间安排相对仓促，比赛所需的材料未能准时到达赛场，导致试题每天都有改动。此外，比赛砖块比训练砖块更厚，切割难度加大。

压力之下，伍远州努力放平心态，按照训练的节奏投入比赛。比赛刚开始，伍远州便趁着体能较好时加快进度，建立优势。在接下来的几天，他更是丝毫都不肯放松，一直咬牙坚持到比赛结束，最终以全场分数最高的作品外观和过硬的砌筑质量，赢得那枚来之不易的金牌。

“我的成长离不开行业和时代的进步。”过去的 7 年里，伍远州见证了国家砌筑行业的快速发展。万丈高楼平地起，优秀的砌筑工程看上去并不起眼，却是新时代中国基建从大到强、走向世界的根基。

“中国在世界技能大赛夺冠并成功卫冕后，许多外国专家和选手都对中国产生了改观。”伍远州记得，世界技能大赛特别赛颁奖时，会场上一面面五星红旗汇成了红色的海洋，站在他右手边的一名外国选手笑着冲他竖起了大拇指。“那一刻，我为自己是一名中国选手感到无比的自豪。”

坚守——“天赋只占成功的 1%”

打开伍远州远征世界技能大赛特别赛的行李，一组带着血迹的工具令人震撼。

由于第 46 届世界技能大赛原定在上海举行，所以伍远州的训练用砖都是国内砖。然而，2022 年世界技能大赛特别赛奥地利赛区，比赛用砖却大不一样——欧洲砖和国内砖不一样，重量、尺寸都比国内的大，这对伍远州的体力和适应能力提出了双重考验。为此，学校特地花 4 万多元定制了一批欧洲砖，专供伍远州训练。

每天在训练室待上 10 个小时，反复练习“一铲灰、一块砖、一揉压”三个动作，这就是伍远州备赛期间的日常。这一遍遍重复单调的动作，却是个十足的技术活。

备赛期间，伍远州共砌筑了近 600 堵高标准的艺术墙，13 万多块砖在手里拆了又建，建了又拆。在双手没有保护的情况下，他的手磨出痕迹，结出老茧，指甲缝里的青白石灰“漂白”了十个指甲。短短 3 个月里，就是这样无数次的裸手握砖，让伍远州牢牢掌握了新的技术要点。

曾经有专业老师对伍远州说：“你并不是天赋型选手，需要比别人付出更多汗水。”那时候的伍远州一度对这个评价感到苦恼，“难道自己就注定只能‘陪跑’吗?”

多年过去，如今的伍远州已经找到了自己的答案：“天赋永远只占成功的 1%。只要还有机会，就必须全力以赴，坚持到底。”回顾夺冠之路，伍远州正是靠着这股锲而不舍的钻劲儿，让世界看到了中国砌筑的力量。

传承——“点亮更多奋进的灯塔”

从 2019 年到 2022 年，在长达 3 年的时间里，伍远州的“选手”和“教练”身份是重合的。

集训之余，伍远州作为中建五局高级技校实训教师，既要上课，还要手把手地指导“种子选手”备战多个技能竞赛。

“自己参赛的时候没考虑那么多，等到当了老师，才发现有很多细节需要注意。”伍远州认为，这 3 年特别的任教经历，也在一定程度上提升了他的综合能力，让他更“稳”了。

在实训课堂上，大到砌筑造型如何改善，小到训练工具怎么摆放，伍远州结合自身的参赛经验，全都毫无保留地传授给学生。伍远州一直坚信，“作为技工教育的受益者，比大赛夺金更重要的，就是把技能传承下去，激励更多学生在奋

进中成长。”

“要学就要学精，要干就要干好。”这是伍远州经常告诫学生们的一句话。在他看来，这正是自己夺冠的最大“秘诀”。

而在校园之外，伍远州的眼中还看到了更广阔的远方。

2021 年 6 月，伍远州毅然踏上了援疆的旅程。作为湖南省砌筑专家组成员，他在吐鲁番待了整整 1 个月，为正在备战全国乡村振兴职业技能大赛吐鲁番市选拔赛的选手进行技术指导。

选手刚开始看不懂图纸，做不了复杂的造型，伍远州就从头教起，一点点帮助他们打好理论基础，练习砌筑技艺；赛前有选手出现紧张焦虑情绪，伍远州察觉之后，主动为选手进行赛前心理辅导，及时排解心理压力。最终，伍远州指导的两名选手在全国乡村振兴职业技能大赛新疆区选拔赛中获得第一名和第四名。“能为行业技术技能人才的成长贡献一份微薄之力，我很荣幸。”2022 年，伍远州再一次选择了加入援疆的队伍。

在伍远州看来，夺冠并不是终结，而是一个新的起点。“我现在最想做的，就是把这份技能和信念一代代传承下去，为‘强国梦’接续培养更多‘青年工匠’。”伍远州说。

撰稿：黄佳莉　谢银满

砌筑项目团队

选手

伍远州	中建五局高级技工学校教师

集训基地

中建五局高级技工学校（长沙建筑工程学校）
上海城建职业学院
广州市城市建设职业学校
金昌技师学院
内蒙古交通职业技术学院

技术指导专家

雷定鸣	中建五局高级技工学校（长沙建筑工程学校）高级工程师
盛　良	中建五局高级技工学校（长沙建筑工程学校）高级工程师
王旭杰	金昌技师学院高级讲师
赵　祺	浙江建设技师学院技师
王　维	西安建筑工程技师学院高级讲师

教练

雷定鸣	中建五局高级技工学校（长沙建筑工程学校）高级工程师
向卫忠	中建五局高级技工学校（长沙建筑工程学校）工程师
周果林	中国建筑第五工程局教授级高级工程师
梁智滨	广州市城市建设职业学校高级技师
赵亚峰	上海城建职业学院工程师

翻译

李　珺	荆门技师学院讲师
李素芳	中建五局高级技工学校（长沙建筑工程学校）教师

宝剑锋从磨砺出

——记电气装置项目金牌获得者　余守安

对于普通人而言，密集缠绕的电线像是一道道复杂的“结绳”，方块线条连接成的电路图则像是一幅幅神秘的“藏宝图”。但在余守安的眼里，自从 2019 年接触电气装置以来，画电路图、组装电路器件便是一个充满趣味的过程，从一张 A4 纸的空白到成图后的万千景象，他亲手搭建出了一个奇妙的电路世界。

2019 年 4 月，余守安加入了江苏省盐城技师学院电气装置项目青苗班，刚进校集训队时，余守安在集训队伍中的水平只能算是中流，每次的考核成绩也不理想，一度陷入了低谷时期。教练们发现了他的心理问题，找到他谈心，并告诉

他，“并不是所有人都有天赋，关键要看后天的努力，机会只会选择肯努力、有准备的人。”于是余守安下定决心，更加勤奋地进行训练。尽管每天的训练时间都在十几个小时，但余守安一直都有自己的“减压方式”。“空白的A4纸上填满自己画的电路图，模拟间光秃秃的墙面经过我的手组装成一个功能完备的系统。”余守安说，“组装好的装备还会按照我的编程指令运行，站在运行的系统面前，多有成就感啊!”思维凝聚于纸面，于空白之处画出设想，让所有繁复的电路化成现实里可见的操作系统。俗话说笨鸟先飞，即便是那只笨鸟，也要飞得更远一些。没日没夜的苦练终也迎来了好消息，余守安最终通过了层层选拔，获得了代表学校参加江苏省选拔赛的机会，也就此拉开了迈向世界级比赛的帷幕。

2020年12月，电气装置团队来到了广州市，这里将举办第46届世界技能大赛全国选拔赛，余守安代表江苏省与来自全国各地的技能精英们同场竞技。从2019年4月份校训就陪伴在余守安身边的教练，这次也跟着他到了比赛现场。在比赛现场，选手和教练不能有任何交流，“但每天的阶段性比赛后，教练都会帮我分析当天的操作，还会帮我预想可能出现的问题及应对方法。”尽管前期的准备充足，但到了赛场上，意外情况还是出现了。比赛进行到最后一天，正在赛场上专注电路安装和编程的余守安，突然发现其中的一个器件发生了故障。“比赛现场很紧张，但是我知道越慌越乱，要想办法让自己冷静下来。”余守安再一次检查现场装置，确定是器件本身问题后，余守安果断向裁判举手示意，获得了6分钟的加时补偿。靠着这份遇事不慌的镇定，加上前期的训练，余守安最终为江苏队赢得了全国选拔赛电气装置项目的金牌。

2021 年 8 月，电气装置国家集训队正式开始集训，集训队由来自不同省市的全国技能水平最强的十个人组成。进入新的训练环境，余守安的压力倍增，体能训练的量也增加了不少，每天早上集训队员都会到操场进行 5 ~ 10 千米的耐力跑，然后再进行几组俯卧撑、仰卧起坐、引体向上等无氧运动训练。经过三个月的集训和三轮异地考核，余守安以优异成绩顺利入选第二阶段五人集训队。第二阶段的训练是一个漫长且艰苦的过程，时间一直持续到 2022 年 5 月。此时，正在专心备赛最后一轮 5 进 1 的余守安突然收到了一个晴天霹雳的消息，原计划在上海举办的第 46 届世界技能大赛取消了。那几天，他的情绪十分低落，历经千辛万苦终于快走到终点，却遭遇如此挫折，确实是一个很大的打击。2022 年 7 月份，传来最新消息，世界技能组织将举办 2022 年世界技能大赛特别赛。“收到消息后，我激动万分，我终于可以再一次踏上征途，终于可以继续完成为国争光的梦想!”

2022 年世界技能大赛特别赛奥地利赛区承办了 7 个竞赛项目，电气装置项目共有 24 个国家和地区报名参赛，是这 7 个竞赛项目中竞争最激烈的。尤其与以往的世界技能大赛相比，本次特别赛调整了多项竞赛规则，增加了竞赛现场的不确定性，给选手的技能状态、心理状态、体能状态等造成了一定的压力。初到奥地利时，电气装置项目的技术团队就遇到了很多问题，首先是不清楚主办方可

以提供多少工具，其次是绝大部分比赛用品与前期公布的不一致。这给比赛带来了很大的不确定性，缺少专业工具只能最大化地发挥选手的技能水平来弥补工具的不足。很多国家的选手受不了强大的体能压力中途退赛，而平时坚持高强度体能训练的余守安却拥有强健的体魄，保证他能够在规定时间内高效完成所有比赛题目。

“宝剑锋从磨砺出，梅花香自苦寒来。”余守安表示，“我的背后有一个强大的团队，而我只是恰好参加了这场冠军接力赛，有幸在比赛中跑最后一棒，为这个团队接力赛画上一个完美的句号，我是这个时代的幸运儿。”

来源：江苏省盐城技师学院

电气装置项目团队

选手

余守安	江苏省盐城技师学院学生

集训基地

江苏省盐城技师学院
北京轻工技师学院
江西省电子信息技师学院
淄博市技师学院
开封技师学院
西藏技师学院

技术指导专家

王大江	ABB（中国）有限公司高级工程师
刘进峰	江苏省盐城技师学院高级讲师
王希友	淄博市技师学院高级讲师

教练

李建军	江苏省盐城技师学院高级实习指导教师
赵昊天	北京轻工技师学院高级讲师
赖勋忠	江西省电子信息技师学院正高级讲师
史海威	开封技师学院高级实习指导教师
董　辉	江苏省盐城技师学院高级工程师
肖星星	江西省电子信息技师学院高级讲师

翻译

王立昀	上海港教育培训中心一级培训师
曾　幸	江苏省盐城技师学院教师

一个关于“刮大白”青年的热血故事

——记抹灰与隔墙系统项目金牌获得者　马宏达

刮完最后一笔，马宏达往后退了一步，注视着自己的作品：红白蓝三色的间隔平滑细腻，小鸽子灵动可爱，最引人注目的羽毛看起来轻盈极了，真像是飘浮在空中，而这一切都是用石膏完成的。周围有人轻轻鼓掌，哨声响起，比赛结束。

举起金牌

2022 年 10 月 23 日，在主持人宣布结果后，历经 4 天、5 个模块的鏖战，来

自浙江温州的马宏达，获得 2022 年世界技能大赛特别赛抹灰与隔墙系统项目冠军，实现了我国这个项目在世界技能大赛上金牌“零”的突破。

传承

在成为世赛选手之前，少年马宏达选择当技工只是为了学个手艺将来能有碗饭吃。

他在浙江温州的一个木门工厂里长大。当工人的爸爸每天都很忙，常常没时间理会他，他在木板和刨花之间奔跑玩耍，自得其乐。废木料可以做成一把粗糙的“枪”，拿一把螺丝刀安装一张床是很值得提起的战绩。但除此以外，他并不觉得自己有什么格外突出的天赋。

由于提前招生进入浙江建设技师学院，马宏达度过了人生中最长的一个暑假。在 4 个月里，他跟着父亲上工地干活，彼时马爸爸已经出来单干，在杭州开了一个卖木门的小店。平日里有了生意，马宏达会去工地上帮父亲提前组装包门框的框架。

“那时候也不觉得特别累，活儿看着也都很简单，我看一眼就学得会。”马宏达感觉找到了自己擅长的事情，父亲安门的时候也要安锁，父子俩合作，父亲打了洞，他就蹭蹭地把锁塞进去捣鼓好，“速度特别快，感觉我是有点天赋在身上的。”

训练

几乎所有的竞技比赛，都需要大量的基础练习。在这个项目里，基础训练就是剪龙骨、切石膏，日复一日，动辄以数月甚至数年为基本单位。因为有师兄们

带着一步一步走，他的进步很快，旁人看来乏味枯燥的训练，在马宏达这里都拥有了趣味和成就感。

当然，马宏达也不是没有难题和迷茫。进入到第46届世界技能大赛集训队后，马宏达一遇到解决不了的问题就会钻牛角尖，白天练晚上练，不解决问题睡都睡不舒服。比如“刮大白”时，需要抹阳角，也就是把墙角外凸处处理干净。抹灰刀是不锈钢的，阳角做过金属边条，两者不停摩擦就会发黑。“墙面特别的脏，对我来说有一点黑点都不舒服。”马宏达受不了，他大半夜给两位师兄打电话，顾威烈和高宇宙很快就来了，一点一点教，直到马宏达学会为止。

挫折

马宏达一路从学校到各级技能大赛，最后顺利拿下代表中国出战的资格。就在摩拳擦掌时，他被一个消息打懵了——原定于在上海举办的第46届世界技能大赛取消。他用5年的时间蓄力，准备打出惊天一拳，却在出手前的那一秒失去了目标。接到通知后，他回了家，每天吃了睡，睡了吃，脑子都是空的，什么都不想做。两个月的时间里，他的体重增长了30斤。

2022年8月，体重已经180斤的马宏达接到消息，2022年世界技能大赛特别赛抹灰与隔墙系统项目将在法国波尔多举办，他需要赶回队里恢复训练，为两个月后的竞赛备战。

这是马宏达训练生涯里最痛苦最煎熬的两个月。“踏进训练场时我想，我又回到这个场地了。实操起来觉得，怎么会这么累啊，这么苦啊。”因为很长时间没训练，马宏达已经忘记了很多技术要点，“做技术，不练就不会动脑子。我以前休息的时候脑子里还在想工序，回家的这两个月我完全放空，已经没有以前那个感觉了。”

回来后的第一次数学测试，需要计算耗材的量。规定时间 2 个小时，曾经 1 个小时出头就能完成的马宏达，花了 3 个小时才做完，最后计算结果还错了。

他发现自己用了 5 年时间，把每件事情都做得有自己的想法和工艺方法，可是忘记之后，要用 2 个月重新捡起来这么难。

曾经凝聚在他身上的坚韧劲头，似乎在过去两个月被溶解掉了。他开始怕累，意志消沉，有时候觉得自己不想干了。

舍我其谁

马宏达入队的时候 17 岁，给技术指导专家徐震留下的印象已经是“很有野心”。“他对自己确定的目标，会不顾一切去争取。”这是徐震认定马宏达是可造之材的一个重要原因，这个小鬼会琢磨着自己改良工具，非常看重每一次比赛的结果，这种渴望和冲劲，让马宏达成为一名优秀的竞赛型选手，“他‘咬得住’，我带他比赛的时候都是比较放心的。”

前往法国波尔多前的这段时间，是徐震第一次看到“咬得住”的小鬼摇摇晃晃。他胖了，干活不利索了，冲劲降低不少，常常说自己累了。“他以前很少说自己累的。”徐震没有客气，让马宏达自己想想清楚。“你想要拿金牌的，该咬牙你得咬牙，该调整你得调整。”徐震说，“到这个层次，看你自己要不要，你要你就上来了。否则教练说得再多也没用。机会来了，我作为教练，不要求你拿金牌，但是希望你去比一场，回来之后不要后悔，后悔这种话你不要跟我讲。”

马宏达心里清楚自己状态不对，他开始跑步减肥，一边技术冲刺，一边控制体重。两个星期后，无论是技术还是手感，他都慢慢找回了以前的感觉。赛前一个月，马宏达彻底进入备赛状态，每天都很紧张。

2022 年 10 月 19 日，马宏达走进 2022 年世界技能大赛特别赛抹灰与隔墙系统项目的赛场。

在整个比赛过程中的 5 个模块里，他觉得自己没有特别的短板。其中抹灰模块是他自我感觉最好的。他展开右臂，抹灰刀带着腻子，稳稳地划出线条，他觉得很顺，得心应手。

越战越勇，最开始有点紧张的马宏达到后面越来越兴奋。有几次徐震在旁边给他拍照，他还能捕捉到镜头，比出手势回应。规定时间5个半小时，比赛进行到第5个小时，马宏达结束了自己的表演。

最后一场比赛结束，马宏达走出赛场向徐震走去。他的第一句话是："徐老师，5年终于结束了。"

重新建立中国标准

"这些年技术人才的断代很严重，我们现在其实十分缺乏技术工人。"作为业内资深人士，技术指导专家张守生在自己经营建筑公司后发现，常见的情况是上一辈做了技术工人，就会努力让下一辈不要去做，"刻板印象是太脏太累还挣不到钱，这也让一些绝活绝技失传。"

捧回金牌的年轻人们，开始慢慢改变这一切。

马宏达捧回金牌后引起极大关注，"刮大白"也能拿世界冠军，除了让人感到新鲜，也提升着整个行业的公众印象。

"技术工人不仅有技术，还能有体面。这是最好的宣传。"张守生说，近年来，技术工人的收入一直在涨，技师人才的招生和技能培养发展日益向好，"从孩子们报名都看得出来，以前一个学校世赛报名最多有20几个人，现在报名能有1 000多人。孩子和家长的想法都在转变，世界技能大赛改变了大家对技能人才的看法。"

参加世界技能大赛的另一重要意义，在于和世界各地工匠们的交流。"以前的抹灰标准已经落后了，现在我们试图通过比赛，吸收国际经验，完善和改进咱们现有的行业标准。"张守生直言，市场上高标准的技能人才极其缺乏，“完成某个工作，和‘达到某种水准’地完成工作，这是不一样的。现在绝大部分技工只有‘做完’，没有‘做好’的观念。这也可以说是工人和工匠的区别。”

相信随着“马宏达”们一次次走出去，捧回一个个金牌，愿意走技能成才之路的年轻人会越来越多。

曾经和马宏达一起训练的队友，有的进入建筑企业从事管理或者高级技术工作，或者创业自己开公司。他们就像一颗颗蒲公英的种子，开花的时候等到风来，就能纷纷散开去。

新一代的工匠们，在成长。

撰稿：杨雪　图片提供：林斌　徐震

抹灰与隔墙系统项目团队

选手

马宏达	浙江建设技师学院学生

集训基地

浙江建设技师学院
烟台城乡建设学校
中建五局高级技工学校（长沙建筑工程学校）
重庆建筑技师学院

技术指导专家

张守生	烟台城乡建设学校高级技师
徐　震	浙江建设技师学院高级实习指导教师
张国胜	河南建筑职业技术学院副教授
顾威烈	浙江建设技师学院技师
徐世彪	重庆建筑技师学院高级技师
蔡沐禅	烟台城乡建设学校教师

教练

张守生	烟台城乡建设学校高级技师
高宇宙	浙江建设技师学院技师
赵　一	烟台城乡建设学校工程师
陈　烨	中建五局高级技工学校（长沙建筑工程学校）工程师
王传才	重庆建筑技师学院高级技师

翻译

麦浩妍	广州市技师学院高级讲师
罗占华	中建五局高级技工学校（长沙建筑工程学校）讲师

技能圆梦　登顶世赛

——记数控铣项目金牌获得者　周楚杰

技能逐梦，技能小将来到金牌学院

出生于广东省佛山市顺德区的周楚杰，在 2015 年中考时考上了当地的普通高中，但他认为学习技能、拥有一技之长会让他的人生更有意义，于是在家人的支持下，他进入顺德梁銶琚职业技术学校数控加工专业学习。“我以前对数控加工一点都不了解，通过学习，明白了它是利用数控设备对工件进行金属切削加

工，用金属切削刀具去除材料的方式来完成零件加工。看着金属原料通过自己的操作被打造成各式各样的零件，觉得十分奇妙。”带着对数控加工的强烈兴趣，周楚杰坚定了要学好技能的想法。他认真学习，刻苦训练，从对数控加工一窍不通快速成长为一名可以参加技能竞赛的技术能手。

学习这个专业，训练的时间很长，十分消耗体力。周楚杰在学习训练之余唯一的休闲方式就是跑步，不仅能放松身心，也能提高身体素质。在经过不断努力和层层选拔后，周楚杰代表学校参加了全国中等职业院校数控综合加工应用技术比赛并获得了全国一等奖（第一名）。他认为，选择学习技能，就像是用铣刀打造一块钢铁原料，通过对自己的不断打磨，成为对社会有用的零部件。在学习时期，周楚杰就曾到过广东省机械技师学院，参加技能训练和拉练。他觉得自己专业技能水平还有待提高，需要不断深造。2018 年毕业后，他慕名来到被誉为“世界技能大赛金牌摇篮”的广东省机械技师学院进行深造。

技能报国，在技能竞赛之路勇毅前行

凭着以前获得奖项的“敲门砖”，周楚杰顺利进入了广东省机械技师学院数控专业竞赛班学习。“来到省机械，发现这里的学习氛围很浓，身边的同学都在认真学习训练，我自己也被带动着，更加刻苦学习。”看到学校里获得世界技能大赛冠军的师兄们，周楚杰备受激励，他认为别人可以做到的，自己也能做到。他以更加饱满的精神状态开启了技能竞赛、技能报国之路。

因为世界技能大赛对选手有年龄限制，周楚杰在竞赛学生中年龄偏大，一开始教练觉得周楚杰能参加世界技能大赛的机会较小，真诚地劝导其用心学好技能，考到高级工后可以较好就

业。以世界技能大赛为终点的竞技之路很漫长，不建议他进入世界技能大赛集训班。但周楚杰不服输，认真对待入学后每一场考试和选拔，教练看他表现出色、决心坚定，就让他加入世界技能大赛训练梯队，正式开启世界技能大赛备战之路。

2019 年，周楚杰正式开始了备战世界技能大赛的训练，当时有 9 个人和他同期一起训练，但世界技能大赛数控铣项目集训队的培养名额只有 5 个。凭着一定要站上世界技能大赛领奖台拿金牌的决心，他开始每天早八晚十，日复一日，年复一年的训练。对他而言，第 44 届世界技能大赛数控铣项目金牌获得者杨登辉教练是他的领路人，自入校以来，杨教练一直带领着他前行，帮助他在各级竞赛中脱颖而出。“在选拔赛前经常需要通宵熬夜训练，杨教练也陪着我们通宵训练，真的挺辛苦。他经常跟我说一句话，用心去做。我明白，要么不做，要做就做到最好。”

“杨教练会拿他以前的经历安慰我，说他以前成绩也是垫底的，但是他不怕失败，还从失败中找到突破口，快速提升技能水平。”杨教练的话极大地鼓舞了周楚杰，很快，他发现自己在比赛中发挥失常的原因是心态不稳定。后来在多次的内部考核中，他更注重对情绪的把控，加长训练时间，别人一天训练时间 12 个小时，他就训练 15 个小时，在周末也不会休息，把握好每一次考核。最终，周楚杰在广东省集训队以超稳定的表现获得了第一名，成功拿到全国竞赛的入场券。

周楚杰在杨登辉教练的带领下，从各级选拔赛到参加第一届全国职业技能大赛获得数控铣项目第一名，再到代表中国参加 2022 年世界技能大赛特别赛获得金牌，一路过关斩将，不断超越自己，在技能竞赛之路上，踔厉奋发，勇毅前行，实现技能报国。

未来可期，以平常心登上世界技能大赛领奖台

2022 年 10 月 10 日—15 日，周楚杰在德国参加 2022 年世界技能大赛特别赛数控铣项目。

对比以往的竞赛，世界技能大赛特别赛对选手的要求更高，尤其是零部件尺寸的制作工艺考核更为严苛。数控铣项目的竞赛内容包含三个模块，历时 6 天，赛时共计 15 个小时，这不仅是一场技能水平的比拼，更是对竞赛选手心理素质和体力的考验。对周楚杰而言，以往的技能竞赛不仅让他在专业技能水平上有很大的提升，也大大增强了他的心理素质，让他在遇到坎坷时能立刻调整心态，以平常心把事情做好。正是这种平稳的心态，让周楚杰在竞争激烈的比赛中发挥良好，表现出色。

2022 年 10 月 17 日，在 2022 年世界技能大赛特别赛德国赛区的颁奖仪式上，周楚杰终于戴上了梦寐已久的世界技能大赛金牌。这天，恰逢党的二十大胜利开幕，他用一块沉甸甸的世界技能大赛金牌，为党和国家献上精彩贺礼。周楚杰很感激祖国、社会以及学校、教练和专家团队对他的栽培。

对于获得世界技能大赛冠军这一头衔，周楚杰自豪但不骄傲，他坚信，用心去做，总能到达梦想的彼岸。他觉得未来自己还有进步的空间，世界技能大赛冠军不是技能学习的终点，而是开启了人生新的起点，他将在日后的工作学习中不断提升自己的专业技能水平，以技能回报党和国家，为社会做出更大的贡献。

来源：广东省机械技师学院

数控铣项目团队

选手

周楚杰	广东省机械技师学院学生

集训基地

北京市工业技师学院
无锡机电高等职业技术学校
中国空空导弹研究院技工学校
广东省机械技师学院
成都市技师学院
甘肃有色金属技师学院

技术指导专家

鲁宏勋	航空工业空空导弹研究院高级技师
杨登辉	广东省机械技师学院高级技师
何　跃	北京市工业技师学院正高级实习指导教师
涂　勇	河南职业技术学院副教授
孙　立	德马吉森精机中国培训学院院长、高级工程师
林金盛	广东省机械技师学院高级技师

教练

鲁宏勋	航空工业空空导弹研究院高级技师
杨登辉	广东省机械技师学院高级技师
邱洪辉	无锡机电高等职业技术学校高级技师
何启超	上海航天设备制造总厂有限公司高级技师

翻译

龙劲诚	广西机电技师学院教师
赵志彬	北京市工业技师学院高级讲师

匠心逐梦　技能报国

——记数控车项目金牌获得者　吴鸿宇

攻坚克难　征战德国斩获金牌

2022 年 10 月 17 日凌晨，央视新闻第一时间报道了中国选手吴鸿宇荣获 2022 年世界技能大赛特别赛数控车项目的金牌。

拿到金牌的吴鸿宇，很快在朋友圈转发了这一喜讯，并附言：“感谢生长在国家重视技能人才培养的好时代，感谢将我培养成才的学校——广东省机械技师

学院，感谢专家教练和保障团队对我的培养和关心。”对于吴鸿宇来说，这份荣誉不仅仅属于他一个人，更属于他身后的专家教练团队、学校和国家。

2022 年世界技能大赛特别赛数控车项目在德国赛区举行，吴鸿宇远赴德国，开始为期 6 天的比赛。数控车项目的竞赛内容共有 3 个模块，分别是批量件、组合件、单件的切削加工。吴鸿宇表示，本届特别赛跟以往的世赛不同，其难点有二：一是比赛时间长，竞赛设备少，每四名选手共用一台设备，每项考核结束后选手都需要等待一天半的时间才能进行下一项的考核。由于等待时间长，无形中增添了不少心理压力；二是比赛提供的材料和工具与以往的世赛都不一样，第一项考核中批量件的切削加工，对他来说挑战更大，要花更多时间去适应工具和材料。

面对这些挑战，吴鸿宇首先调整心态，让自己沉浸在工件的制作中，不被旁人影响；二是放慢节奏先找到操作的手感；三是逐渐形成规律，加快速度。“趁着第一项考核快结束的间隙，我观察到其他选手的操作速度很快，这让我倍感压力。但我的成绩比他们好，因为我的工件加工精度比他们都要高。”吴鸿宇坚信欲速则不达，精益求精的工作态度才是制胜诀窍。据悉，该项目共有 21 位来自不同国家和地区的参赛选手角逐，吴鸿宇最终斩获金牌。

技能新秀，逐渐崭露头角

16 岁以前，吴鸿宇的生活与一同长大的孩子差不多，为成绩发愁，为考高中发愁。要说有什么不一样，就是吴鸿宇有一间小工作室，里面有各种常见的工具和零件。吴鸿宇喜欢在里面研究电器的机械构造，把这些机械拆开又装好是他最喜欢的游戏。修玩具、组装遥控玩具线路是他最常做的实验，初中之后，吴鸿宇已经可以自己修复电线损毁的电风扇。

初中毕业后，因为文科成绩不好，考不上重点高中。吴鸿宇感到非常迷茫，不知道未来的路要怎么走。“想过直接去打工，但父母说我没有什么技能，是做不好工作的。”父母的话点醒了吴鸿宇，他觉得应该先去学习一项技能，唯有掌握一技之长，才能有所成就。

在亲戚的介绍下，2015 年，吴鸿宇进入广东省机械技师学院学习。在塑料模具专业学习半个学期后，吴鸿宇通过了机械理论的考试，进入了竞赛班学习。经过一轮又一轮的笔试和实操考核，竞赛班的同学也从几百人淘汰到只剩下 100 多人。在这个过程中，竞赛班的教练逐渐摸清了吴鸿宇，对其专业学习和训练有了规划。最终，吴鸿宇被分到了数控车专业。吴鸿宇认为，从塑料模具专业跨到数控车专业学习并没有太大的难度，他认为机械类的专业基础理论都是相通的，都是要先从机械制图学起。他的学习领悟能力与实操能力都较强，很快在各级各类竞赛中崭露锋芒。

吴鸿宇在竞赛班度过了将近 7 年的学习和训练时光，这 2 300 多个日子是枯燥艰苦的。从早上 8 点到晚上 10 点，吴鸿宇在理论基础和实操训练中轮转，除春节的那一周外，日日如此，无论酷暑，还是寒冬，从不间断。“进入竞赛班之后，我几乎没有假期，每天都在车间里训练。我不羡慕其他能放假的同学，因为我有收获。”曾经的迷茫少年蜕变为技能新秀，慢慢找到了人生奋斗的方向，并在技能成才的道路上越走越好。他认为，要想学好技能，要重视最基本的理论学习，每天都要有所提升，只有不断投入更多的心思去学习，花更多时间脚踏实地去训练，才能吸收理论知识，提高实操能力。

夺冠之路，有乐也有泪

在拿到世界技能大赛金牌之前，吴鸿宇自入校以来参加过许多各级各类竞赛，且收获了很多荣誉。他觉得参加每一次竞赛，技能水平都能快速提升。2016年，吴鸿宇第一次获得技能类的奖项，是广东省 CAD 图形设计职业技能竞赛个人三等奖，那是他第一次感受到学习技能带来的荣誉和成就感。之后他不断征战各级各类竞赛，在 2018 年第八届全国数控大赛数控车项目广东省选拔赛和决赛中均荣获第一名。

吴鸿宇在每个阶段都会给自己设立一个目标，拿了省级比赛金牌，就要拿国家级比赛金牌。但长期的高强度的训练让他曾经有过一阵子的松懈，以至于他在 2020 年第 46 届世界技能大赛数控车项目广东省选拔赛中只获得了第三名。

"因为之前都是拿第一的，突然拿了第三名很挫败，感觉自己无缘国赛了，整个人很沮丧。"吴鸿宇坦言，拿到第三名的他，在这么多年里第一次落泪，围着操场走了一圈又一圈。好在教练及时发现吴鸿宇的不良情绪，并耐心开导他，让他重新振作起来，最终吴鸿宇在集训中以第一名的成绩代表广东省参加国家级比赛并获得金牌。"脚踏实地做好自己，不留遗憾！"这是吴鸿宇一直以来的信念。

现在获得世界技能大赛金牌的吴鸿宇，有了新的目标，就是要把自己所学的技能传授给师弟师妹们，让更多的技能学子以实现技能成才、技能报国为目标，通过学习技能实现人生价值，以实际行动回报党和国家。

来源：广东省机械技师学院

数控车项目团队

选手

吴鸿宇	广东省机械技师学院学生

集训基地

北京市工业技师学院
黑龙江技师学院
浙江工业职业技术学院
福州第一技师学院
广东省机械技师学院
内蒙古机电职业技术学院

技术指导专家

宋放之	北京航空航天大学高级工程师
徐国胜	天津职业技术师范大学教授、高级技师
王展超	北京市工业技师学院高级实习指导教师
余远杰	广东省机械技师学院高级技师
张榕宾	福州第一技师学院高级技师

教练

王展超	北京市工业技师学院高级实习指导教师
应　跃	浙江工业职业技术学院高级技师
陈智民	广东省机械技师学院高级技师
王　帅	北京市工业技师学院高级技师
王　勇	黑龙江技师学院高级技师
张玮玮	德玛吉中国上海培训中心高级培训师、工程师

翻译

李晓洁	藤仓（中国）有限公司总监助理
沈媛媛	浙江建设技师学院助理讲师

一个农家子弟世赛夺金的背后

——记电子技术项目金牌获得者　刘泽龙

在瑞士举行的2022年世界技能大赛特别赛电子技术项目的比赛中，出生农村的广东省技师学院“00后”选手刘泽龙战胜其他强劲对手，摘得金牌，使我国在这个项目上成功卫冕。

政策纾困，铺平成才道路

“一度想退学。”刘泽龙的技能求学之心一开始并不坚定。

刘泽龙出生于广东省揭阳市惠来县一个农村家庭，父母常年在外打工，他跟

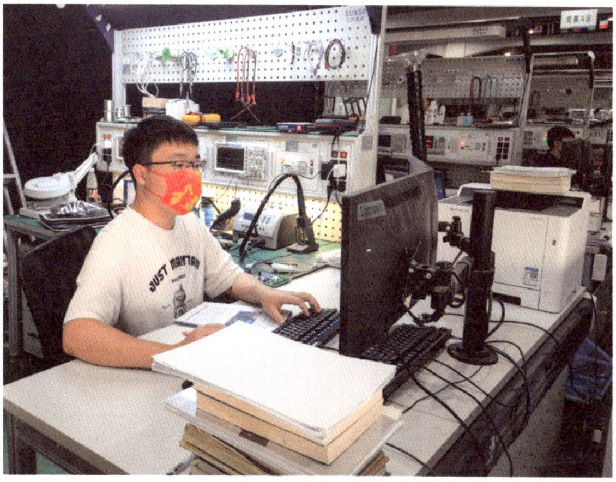

着外公外婆生活，直到小学三年级，才回到父母身边。从珠海到东莞，读书的地点随着父母打工的地点不断变化。

“中考分数够不上高中，爸爸有一个朋友的儿子在读广东省技师学院，说就业挺好，前三年还可以免学费。”考虑到家庭经济条件比较困难，2015 年，15 岁的刘泽龙报考了广东省技师学院（惠州博罗校区）。

然而，读了两个学期，尽管学习成绩名列前茅，刘泽龙却提出退学，想去重新读高中。“家里经济条件好转了，还有就是家里人和亲戚朋友觉得考大学才有出息。”

时隔 6 年，刘泽龙还清楚地记得，在一个晚自习的时间，班主任找他出来单独谈了 2 个小时。“中国制造需要越来越多的技能人才，学院实行产学研结合的教学方式，又建有世赛训练基地，你看不少师兄都拿到世赛的奖牌，就业更是没有问题……”广阔的前景、优厚的条件，最终让刘泽龙定下心来，在广东省技师学院第一届“电子技术应用”五年制专业继续学习。

解除了顾虑，刘泽龙专心学习，展现潜力，专业成绩常年班级第 1，发现了技能学习的乐趣，找到了自己的价值和位置。他代表学院参加第 45 届世界技能大赛广东省选拔赛获得三等奖，代表广东省参加第一届全国职业技能大赛拿下电子技术项目金牌，入围第 46 届世界技能大赛电子技术项目国家集训队……刘泽龙在技能成才之路上越走越顺，越走越自信。

“第一届全国职业技能大赛得奖后，每天接到好几家企业的电话，都是有意聘请我去工作的。”但刘泽龙此时已开始世赛的集训，向最高荣誉冲刺，就没有考虑就业的事情。“况且，我还获得了地方政府和学院总共 28 万元的奖金，学院还会给选手发生活补贴，经济上没负担，家人也很支持。”

以赛促学，提速成长列车

2022 年世界技能大赛特别赛电子技术项目，共有来自中国、瑞士、韩国、日本等 17 个国家和地区的选手参赛，不少选手来自制造业强国，竞争非常激烈。选手需要在 3 天 13 小时内完成原理图设计、PCB 设计、产品组装与调试、嵌入式编程 2 个模块 4 个子任务，刘泽龙是怎么做到在长时间、高强度的比赛中，战胜其他强手的呢？

“秘诀就是技能竞赛国家集训基地的产学研一体化培养。”刘泽龙透露，“在世赛基地上课，会多一些应用，能接触最前沿的技术、最严格的行业标准。教练团队也是顶级的，倾囊相授、悉心指导，让我的技能水平得到了质的提升。”

世界技能大赛电子技术项目属于设计类竞赛项目，考察的是选手理论功底、逻辑能力和数据处理能力，以及熟练的软件操作和手工焊接技能，项目的复合程度很高。“世赛基地的拉练，进入国家集训队后每天朝六晚十的训练，是我成长最快的一段时间。”刘泽龙说，“我的成绩是站在巨人肩膀上取得的，很幸运。”

“大大小小算一起，6 年里，参加了三四十个比赛吧。”一次次比赛不仅让刘泽龙快速提升技能，还锻炼了心理素质。“心态好、不紧张，多大的赛，比如世界技能大赛，都能当成一个平常比赛。”说起帮助最大的“炼技”方式，刘泽龙毫不犹豫地选择了“竞赛”。

在这次 2022 年世界技能大赛特别赛的嵌入式编程考项中，刘泽龙没能按时完成所有的任务。顶着巨大的压力，在第二天的电路调试组装模块中，比赛时长 3 个小时的焊接任务，他却只用了 1.5 个小时，完成得又快又好。世界技能大赛电子技术项目国家集训基地教练组组长谢志平对刘泽龙当时的出色表现记忆犹新，“他是属于越比状态越好的那类选手。”

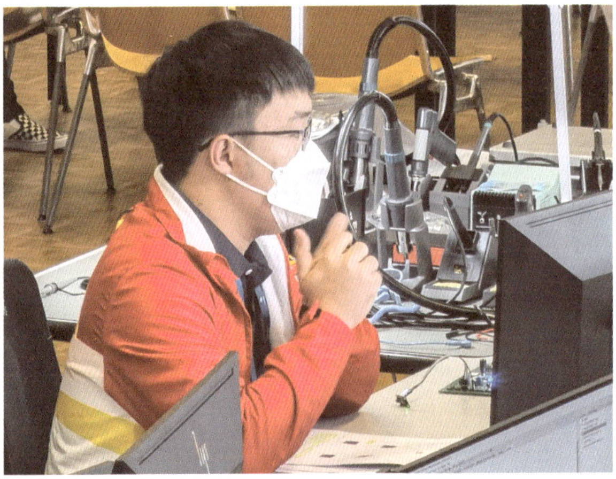

培育为基，服务国家战略

2022 年世界技能大赛特别赛夺冠后，刘泽龙再次回到了他熟悉的训练基地，他选择留校任教，如今将以教练的身份，为培养下一位世界冠军、培养更多的电子技术人才而努力。

“工业现代化涌动的浪潮显示，新一代信息技术将影响所有产业的发展。根据我国 2023 年全行业人才需求预测，集成电路产业存在超 20 万人的缺口，尤其缺乏综合设计能力突出的高级技能人才。”刘泽龙有写训练日志和比赛总结的习惯，“积累到现在快能出一本书了，我想都传授给学生和选手。”

“这些金牌选手投入技能人才培养事业中，不仅有很好的示范引领、激励带动作用，还能培训培养更多青年人才走上技能成才、技能报国之路。”广东省技师学院党委书记李田说。

刘泽龙为自己的选择感到自豪，“技能人才是支撑中国制造、中国创造的重要力量。以竞赛为引，以政策为桥，相信中国青年匠心成材、技能报国的阳光之路将越走越宽。”

撰稿：黄欢　林涛

电子技术项目团队

选手

刘泽龙	广东省技师学院教师

集训基地

广东省技师学院
北京电子信息技师学院
河北省涿州市技师学院
江苏省扬州技师学院
重庆铁路运输技师学院
青海水电技师学院

技术指导专家

黄　鑫	广东易工厂科技有限公司高级技师
李　杰	天津职业技术师范大学教授
王为民	广东省技师学院正高级讲师
朱咏梅	上海电子信息职业技术学院副教授
谢志平	广东省技师学院高级讲师

教练

谢志平	广东省技师学院高级讲师
曾伟业	广东省技师学院技师
毛光荣	北京电子信息技师学院高级讲师
林煜生	广州市工贸技师学院高级讲师
邱吉锋	广东省技师学院技师
梁　攀	重庆铁路运输技师学院正高级实习指导教师

翻译

彭　兴	重庆五一技师学院教师
毕永利	广东省技师学院高级讲师

“八问”初心不变　登顶“世界之巅”

——记工业控制项目金牌获得者　姜昊

奥地利当地时间2022年11月27日下午5时30分，2022年世界技能大赛特别赛奥地利赛区比赛落下帷幕，代表中国出征的姜昊获得工业控制项目金牌。

对于一名选手来说，一生之中能有机会代表祖国参加世界技能大赛，是一生的荣耀，而能取得冠军，更是至高无上的殊荣。

一问寒门出路？他为孝做出抉择

2000年，姜昊出生在一个普通家庭。

9 岁那年，姜昊的父亲患绝症离世，留下巨额债务，留下他们母子相依为命。母亲没什么特殊能力，只靠做家政保洁勉强维持生活。姜昊读初二时，母亲身体出现问题做了一场手术，半年多无法工作，这让本不富裕的家庭雪上加霜。中考时，姜昊以 600 多分的成绩考上高中，但为了减轻家庭负担，他毅然决定退学，打算打工赚钱贴补家用。但母亲不同意，“孩子不能没有挣钱吃饭的本领，哪怕是学一门手艺也行，自己就吃了没手艺的亏，不能让孩子重蹈覆辙。”

“是否甘愿一辈子打零工度过？是否能接受如此平庸的一生？是否能让家庭的经济有所改变？”姜昊反复问自己，考虑再三后，姜昊决定学一门手艺来支撑整个家庭。铁岭的职业学校很多，姜昊和妈妈一家一家地看招生简章，最终选择了铁岭技师学院，成为电气工程系电气自动化专业的一名学生。

二问是否甘于平凡？他选择披荆斩棘

2015 年 9 月，姜昊到铁岭技师学院就读。上完第一天的课后，他心中只有一个词来形容，就是“无趣”。因为之前成绩一直不错，文化课对于姜昊来说实在过于简单，而理论课对姜昊这个年龄来说实在提不起兴致，唯一感兴趣的实操课却是在一年级下学期才开始，这让姜昊十分着急，因此慢慢失去了学习的动力，只想赶快放假打工挣钱。

此时，正赶上学院建设世界技能大赛工业控制项目中国集训基地，为了培养选手参加世赛选拔，成立了“世赛班”，对学员进行更系统、更专业、更有针对性的授课和训练。为此，学院在全院范围内开展了第一届“世赛班”的宣讲和学员遴选工作。姜昊第一次对世赛有了了解，也点燃了他的激情。面对难得的机会，姜昊动心了，但中职学生名额有限，只有 1 ~ 2 人可以入选。这时，姜昊又一次问自己：“是否甘于平凡的学习生涯？是否有能力抓住这次难得的机会？是否勇于面对竞争和挑战？”终于，他做了一个决定，无论如何一定要冲进世赛班。终于他以优异的成绩通过了世赛班的选拔，成为班里唯一一个以中职生身份入选的学员。

姜昊刚进入世赛班的喜悦很快被现实泼了一盆冷水，世赛班所讲授的英语课程是专业英语，专业知识比高职课程还要精深，专业技能更是以世界技能大赛为

标准，跨年级进班没有足够专业功底的姜昊连连受挫，甚至产生了放弃的念头。班主任发现了姜昊的异常，经常鼓励他、开导他、鞭策他，告诉他不要轻言放弃。在老师的指导下，他重新确定学习目标，有针对性的学习专业英语，恶补欠缺的专业知识，苦练专业技能，独立完成 PLC 课程中“工业洗衣机”案例的编程，在学习中姜昊爱上了这个专业，同时成绩也有了飞速的提升。但世赛班毕竟是选拔优秀选手的舞台，每阶段的考核和选拔，强者上败者下，意味着只有最优秀的人才能留下继续学习。在钻研知识的过程中，姜昊积极自学 C 语言和伺服控制技术，不断累积专业知识，一路披荆斩棘，最终入选第 44 届世界技能大赛工业控制项目辽宁省集训队。此时，一颗金牌的种子在姜昊的心中种下。

三问如何摆脱垫底的失落？他做出现实的抉择

2016 年 4 月，经过第 44 届世界技能大赛工业控制项目的辽宁省集训队选拔考核，姜昊遗憾落选。面对失利，姜昊收拾心情，决定向其他的赛项发起了冲击。他靠着之前训练的底子轻松取得了机电一体化项目的国赛入场券。第一次参加国家级的比赛，姜昊踌躇满志，期待大展拳脚。

但是，这一次的比赛对于姜昊来说却是一场灭顶之灾。紧张的比赛氛围和高手的气场让姜昊在赛场上有些不知所措，头脑一片空白，会的做不出来，不会的直接放弃，就这样取得了倒数的成绩。看着一同去参赛的选手一个个登上领奖台，他十分低落。指导老师和领队鼓励姜昊，告诉他不要放弃，一次的失败不算什么，这让姜昊重新燃气斗志。

四问人生的岔路怎么走？前辈指点迷津

2017 年 3 月，离开学校的姜昊，虽然自身技术水平已经过硬，也有过不少大赛的荣誉，但是由于缺乏实际工作经验，先到了生产车间的流水线靠体力工作，之前所学的知识和技能变得毫无用武之地。姜昊换了一份符合自己专业的工作，成为一名电气自动化设备维护员，随着工作的开展，姜昊越发觉得自己对于自动化专业的认知太浅显，现有的知识已不能够做到在工作中游刃有余。此时，他有了回母校继续深造的打算。但是目前的薪资待遇还是令他满意的，这让姜昊又陷入抉择中，他又一次问自己："是否安于现状？是否提升自己？是否继续逐梦？"这次他思考了很久，却拿不定主意了。

2018 年，铁岭技师学院再次成为世界技能大赛工业控制项目中国集训基地，新建设的世赛集训基地已经投入使用，各项配套设施齐备，成为国内顶级的集训基地。2018 年 8 月的一天，姜昊在与师兄王林通话中得知，王林获得世界技能大赛选拔赛第 2 名后，正式留校任教，而且王林介绍了基地建设情况并了解到姜昊的困惑，劝说姜昊回母校继续深造。最终，这次漫长的思考有了结果，姜昊决定回归母校，通过提升自我实现人生梦想。

五问如何登顶世界之巅？必须夯实基础

2018 年 9 月，姜昊回归校园并升入高职，以之前积累的大赛经验和工作历练，他轻松地从 300 多人中突围，再次进入了世赛班。刚进班他就与上一届世赛班的学长李兴郅被抽调进入辽宁省职业院校技能大赛机电一体化（高职组）的项目组，经过几个月的艰苦训练，终于取得第 1 名的好成绩。姜昊虽然拿到省级比赛的最高荣誉，但是心中那颗为国争光的种子仍在发芽，他每天努力学习，期待机会的到来。

在第一次 8 进 4 梯队选拔赛中，姜昊以第 1 名的成绩晋级。随后的训练中，姜昊依旧保持稳扎稳打的作风，继续夯实基础。在接下来的 4 进 2 和 2 进 1 梯队选拔赛中，姜昊都取得了第 1 名的成绩，最终，在 2020 年 6 月他被正式确定为辽宁省工业控制项目的正选选手，为日后夺金奠定了基础。

六问如何打破传统思维？力争优中求优

在第一届全国职业技能大赛工业控制项目备赛期间，姜昊的训练成绩一度停滞不前。针对这种情况教练团队首先从选手的训练习惯着手，发现姜昊在记录问题或思路时，总是随手记录，并未及时归纳总结，导致反复出现同一类问题；其次，发现姜昊对突发问题的解决能力欠缺；再次，在长期高强度训练中姜昊的体能和耐力不足；最后，发现姜昊对全英语赛题的理解还有一些困难，综合这些原因，导致姜昊的学习和训练效果不佳，教练团队决定对姜昊的训练方案进行全面调整。对于训练方案的调整，姜昊又一次问自己“是否能接受新训练方案？是否能在国赛前完成调整？是否能通过改变站在国赛领奖台上？”姜昊决定再次挑战自我。

经教练团队推荐，姜昊下载专门的笔记 App，将不同的内容分类记录，包括问题类、思路类、注意事项类等。开始时，他非常不适应，但他还是坚持认真记录，当遇到以前见过的难点时，通过翻阅记录很快找到了解决办法，慢慢养成了良好的习惯。

七问如何牢记初心？世赛上夺金牌

2022 年 5 月，世界技能组织取消了原定在上海举办的第 46 届世界技能大赛，这让一直坚强的姜昊流下了眼泪，因为年龄的关系，这是他有资格参加的最后一届世赛，这种结局让他难以接受，但是作为党员要服从大局，他努力调整自己，在学院党委和团队的关怀下，走出失落。

后来，世界技能组织决定举办 2022 年世界技能大赛特别赛，这一消息让团队重燃斗志，2022 年 7 月

18 日，学校正式接到人社部通知，确定姜昊成为工业控制项目的参赛选手。经过 4 个月的刻苦训练，姜昊恢复了竞技水平，以昂扬的斗志参加了 2022 年世界技能大赛特别赛工业控制项目的正式比赛。

姜昊和专家团队到奥地利后遇到了临时公布赛题、自带工具受限、主办方工具供应数量不足等问题，但是团队参赛经验丰富，赛前准备充分，自带工具齐全，丝毫没有影响到比赛。

在团队的帮助下，比赛中姜昊表现得十分沉着冷静，攻克了一个又一个难题。最终，在大家共同的努力下，姜昊获得 2022 年世界技能大赛特别赛工业控制项目金牌。

八问如何转换新角色？走好技能成才之路

姜昊心存感激，他放弃省外高收入工作，留校任教。经过大赛的洗礼，回首 7 年来的点点滴滴，姜昊有了新的感悟："通过比赛我更加知道了学习的重要性，也希望以自己逐梦世界技能大赛的经历，激励更多学生热爱专业技能，追求提高技能，培养更多大国工匠，让更多有志者人生出彩。"

姜昊的夺冠之路是独一无二的，但技能成才之路是可以复制的。

姜昊，一个从寒门走出来的孩子，一个靠着不服输的精神坚持了 7 年的选手，当他身披国旗站上领奖台那一刻，他觉得 7 年的艰辛与汗水都是值得的，相信他的经历将会吸引更多年轻人走上技能成才、技能兴国道路。

撰稿：王赛　张恩铭

工业控制项目团队

选手

姜　昊	铁岭技师学院教师

集训基地

铁岭技师学院
山东工业技师学院
湖北三峡技师学院
西安技师学院
四川仪表工业学校

技术指导专家

闫虎民	天津职业技术师范大学教研室主任、高级实验师、高级技师
宁康波	西门子工厂自动化工程有限公司高级工程师
马庆江	西门子工厂自动化工程有限公司高级工程师

教练

闫虎民	天津职业技术师范大学教研室主任、高级实验师、高级技师
王　林	铁岭技师学院（辽宁工程职业学院）技师
袁　强	山东工业技师学院高级实习指导教师
朱浩然	湖北三峡技师学院高级技师
门新会	西安技师学院电气技术系副主任、高级讲师
官　伦	四川仪表工业学校高级讲师
姜　光	广州市机电技师学院高级讲师
朱　曦	江苏省常州技师学院高级讲师

翻译

曾人杰	广东省城市技师学院讲师
田　坤	铁岭技师学院（辽宁工程职业学院）工程师

以奋斗谱写青春之歌

——记移动机器人项目金牌获得者　侯坤鹏、唐高远

身披五星红旗，站上世界技能之巅的冠军领奖台，接过金牌，接受鲜花与掌声 …… 回想起领奖时刻，2022 年世界技能大赛特别赛移动机器人项目金牌获得者侯坤鹏、唐高远仍然心潮澎湃。

怀揣技能成才、技能报国的梦想，侯坤鹏和唐高远努力进取、勤学苦练，凭借精湛的技能走出了一条立足平凡成就非凡的道路，以奋斗之姿唱响青春之歌。

以一技之长筑梦青春

2018 年，正读高二的唐高远辍学外出打工，一年多的时间里，在工厂流水

线、餐厅、学校食堂之间流动打零工，种种经历让他发觉没有一技之长难以在社会中立足。从小对遥控赛车、遥控飞机感兴趣的他，决定“回炉重造”，来到漯河技师学院工业机器人应用与维护专业学习。唐高远说：“一开始也是什么都不懂，就跟着老师定的计划去学。”当能够通过一些简单的操作让机器人动起来的时候，唐高远的成就感和兴趣不断被激发。一年的时间里，因表现出色，他在老师的推荐下经过层层选拔进入世界技能大赛河南省选拔赛，站在省赛赛场的唐高远暗下决心：一定要努力站在世界的舞台上。从 2019 年省赛集训开始，每天早上七点左右，唐高远就会出现在实训基地，一直训练到晚上十一二点，有时为了解决难题甚至会熬到凌晨三四点才睡。为了备赛，他和其他选手索性在实训室打起了地铺，几乎没回宿舍睡过觉。寒暑假更是和唐高远无缘，“暑假的时候学校餐厅放假，老师准备了食材和餐具，有时候我们自己动手做，有时候老师做。”他连续两年的春节都没有回家，而是和教练团队的老师及同学们一起，在学校吃了年夜饭。

“学好一门技术，找到理想工作，成就精彩人生……”抱着这样的愿望与决心，侯坤鹏也和唐高远一样选择了漯河技师学院电气工程系工业机器人应用与维护专业学习。侯坤鹏说：“生动有趣的实操情景教学激发了我学习专业技能的积极性，我的成绩越来越好，在学习上越来越有自信。”对此，唐高远也感同身受，他说：“丰富多样的实践活动，紧张刺激的竞赛项目，让我找到了学习的乐趣。”一次参与市里的机器人竞赛，侯坤鹏看到别的项目组操控移动机器人灵活运动，他产生了强烈的好奇心，更加努力学习机器人相关知识。2018 年，漯河技师学院电气工程系组建精英班，侯坤鹏和唐高远成功入选。刚开始学习的俩人就被泼了“冷水”：唐高远一度难以理解一些函数，侯坤鹏装配机器人不熟练。“困难都有解决的办法，加练！”晚上下课后，唐高远埋头题海，学透每一道题目；侯坤鹏反复练习拧螺丝等动作，不断提高机器人装配效率。在日常学习中，两人都把第45届世界技能大赛移动机器人项目金牌得主郑棋元作为榜样，将为国争光作为自身的使命和追求。

王博、孙洪波是侯坤鹏、唐高远的教练。在他们的精心指导下，两人进步很快，多次在全省、全国性职业技能大赛上取得优异成绩。2021年，凭借出色表现，两人入选2022年世界技能大赛国家集训队，侯坤鹏负责软件编程，唐高远负责硬件调试。

进入国家集训队后，两人整日泡在实训教室中，与教练一起解决新发现的问题。有一次，为节省时间，尽快调试出合适的程序，他们一连在操作台吃了9天泡面。“我们白天训练，晚上住在实训基地，零点前基本没睡过觉。以前拆装一个新机器人要8小时，反复练习后我把时间压缩到5小时内。”侯坤鹏说，“严格的日常训练，有助于赛场上稳定发挥。”

2021年，他们以第一名的成绩通过2022年世界技能大赛国家队6进3集训考核，并代表中国队出征法国。

技艺闪亮世界技能之巅

巴黎时间2022年10月19日，2022年世界技能大赛特别赛法国赛区正式开赛。比赛中，选手需根据主办方提供的官方套件，现场组装、调试、编程，让机器人模拟医院连续运行的环境，独立完成“药物”“轮床”的运送和回收工作。

“模拟医院场景是按比例缩小的，场地空间和物品尺寸都非常‘迷你’，这对机器人移动和机器臂抓取的速度和精度提出了极高要求。”唐高远说。

在第一天的比赛中，他们就遇到了难题。侯坤鹏在装配过程中发现一块铝材厚度比标准多了0.5毫米，这会导致升降机转动时摩擦力增大，影响机器人性能。时间紧、任务重，侯坤鹏和唐高远沉着冷静，到加工间重新打磨制作，在最后的时间内成功完成了所有任务。

随后，新的挑战又来了。比赛第三天，赛题中增加了一个未知元素。这个未

知元素被设计成了一个药品货架，上下层加了门，机器人需要把门打开，才能取出里面的药品，取完药还要把门关上，这样才能得分。“我们从来没有做过这项工作，但我俩一起训练了 3 年，默契十足。经过沟通商量，我们改动了硬件与软件，通过相互配合，很好地解决了这个问题。”侯坤鹏说。

经过四天激烈比拼，在 2022 年世界技能大赛特别赛移动机器人项目中，侯坤鹏、唐高远脱颖而出，夺得冠军。

看到两个学生身披国旗，接受着掌声与祝贺，教练王博十分激动：“功夫不负有心人。他们不怕苦、不喊累，值得赞美，我为他们骄傲！”

勇担使命传递育人火炬

“领奖那一刻，心情特别激动，我们不仅展示了技艺，向世界证明了‘中国技术’，也用实际行动告诉大家，技能成才这条路是走得通的！”唐高远说。

世赛归来后，侯坤鹏和唐高远选择了留母校任教，目前已正式入职漯河技师学院，担任电气工程系教师。

从学生到世赛冠军再到教师，两人实现了从追梦者到造梦人的身份转变，随之变化的还有责任和目标。侯坤鹏、唐高远表示：“以前的目标是世赛夺奖，如今我们希望站在讲台，把自己的经验、知识传授给更多学生，激励更多年轻人积极投身到技能成才、技能报国的热潮当中。”

“这些金牌选手留校任教增强了学校的师资力量，他们将自己的学习成果、世赛经验融入日常教学中，有利于推动教学水平的提高。”教练王博认为，金牌选手还是言传身教的“活教材”，以亲身经历传承冠军精神、工匠精神，更能激励带动青年人才走上技能成才、技能报国之路。“听说世界冠军来上课，学生们

都特别兴奋和期待。榜样就在身边，事实也在眼前，他们深受鼓舞，努力的方向更明确了。”教练孙洪波说。

如今，侯坤鹏和唐高远二人正在紧张有序地培训竞赛选手。在实操示范教学中，他们以身作则，将每一步流程、每道工序做到最好，以实际行动诠释工匠精神。“在每个细节中体会做事的乐趣，享受把每一件事做到极致的成就感。”二人说。三百六十行，行行出状元。他们相信并用实际行动证明了成才的道路不止一条，只要努力奋斗，掌握一门技能同样能够成就精彩人生。

撰稿：王东丽　图片提供：林斌　李倩楠　林巧纯

移动机器人项目团队

选手

侯坤鹏	漯河技师学院学生
唐高远	漯河技师学院学生

集训基地

北京市工贸技师学院
南京技师学院
安徽六安技师学院
广州市机电技师学院
云南技师学院
武汉交通职业学院

技术指导专家

郑　桐	天津职业技术师范大学高级实验师
袁　懿	北京市工贸技师学院高级讲师
蔡月日	北京航空航天大学副教授

教练

庞　春	广州市机电技师学院高级讲师
章安福	广州市工贸技师学院高级讲师
崔凯楠	北京市工贸技师学院讲师
徐才广	南京技师学院高级讲师
刘旺才	云南技师学院高级实习指导教师
林佳鹏	广州慧谷动力科技有限公司工程师

翻译

毕永利	广东省技师学院高级讲师
段宜宏	云南技师学院（云南工贸职业技术学院）国际交流合作中心主任、讲师

荷若盛开　清风自来

——记化学实验室技术项目金牌获得者　姜雨荷

什么是一个学生最好的“勋章”？或许一枚实现了中国“零”的突破的金牌，足以承担这个“重量”。

2022 年世界技能大赛特别赛奥地利赛区，来自河南开封的“00 后”女孩姜雨荷一举摘得化学实验室技术项目金牌。她也成为了我国在该项目上第一个世界冠军，实现了中国队在这一项目上金牌“零”的突破！

“逃”出校园，外面的世界并没有想象中精彩

在拿到世赛金牌后，年仅20岁的姜雨荷一度成了“朋友圈”中的焦点。不少人好奇这位“天才少女”是如何成长起来的。

“其实我就是出生在普通人家的普通小孩儿，真没有别人说的那么夸张，那么优秀……”在姜雨荷的记忆中，她的成长历程并不能被别人称作“学霸成长史”，反而还带着一些青春期少女惯有的“叛逆色彩”。

年少的姜雨荷初中毕业后，怀着对“外面世界”的无限向往，选择了辍学，随家人前往浙江、广东打工。

离开了教室和同龄人，姜雨荷本以为自己会见识到更为广阔、精彩的天地。然而，日复一日毫无波澜的车间劳动，消磨掉了年轻人对“外面世界”的热情。“这不是我想要的生活。”意识到自己不能再把大好的青春时光浪费在“不属于”她的车间里后，姜雨荷决定要重新回到校园，去从知识里找到自己想要的未来。

在家人的支持和自己的努力下，2018年，姜雨荷和家长考察了众多学校后，叩开了河南化工技师学院的大门，踏上了人生的另一条路。

重返校园，这次的关键词是“坚持”

“这个世界上，一定有另一个自己，在做着我不敢做的事，在过着我想过的生活。”见识过“外面世界”的无奈后，重返校园的姜雨荷，更加重视每一节课，每一个知识点。

课堂上，她总是坐在教室第一排，认真听课，“可能因为课堂上比较投入，贺攀科老师就注意到我了。”

在贺攀科老师的引导下，自2019年5月起，姜雨荷开启了为期3年半的化学实验室技术项目集训、选拔生活。

备赛的时光总是枯燥无聊的，一开始她的成绩不太理想，一直都是中下游，但这个积极阳光的女孩以常人难以想象的韧性和乐观，笑对艰苦繁重的训练，成年累月泡在实验室、训练场，逐步提升自己的理论知识和技能水平。

“既然选择了远方，便只顾风雨兼程，再苦再难我也会走下去。我不会考虑那么多，未来是什么，结果怎么样，我都无法预知。我能做的就是努力做好当下，做好自己每一天应该做的事。”

对于姜雨荷来说，日常 14 个小时的训练并不算什么，重大比赛前，她还会把自己的练习时间拉长到 15 个小时，“我基本每天 7：30 就到实验室，晚上 10：30、11 点走都是常态。”

这些年来为了训练，她和家人团聚的机会十分有限。每逢过年，身边的同学都早早收拾行囊回家团圆了，姜雨荷还在实验室里“刷题”，直到腊月二十九才返乡探亲，还没等走完亲戚，大年初三一早，她就又回到实验室继续训练。

奋力前行，前行路上繁花似锦

时间是最好的见证者，在日复一日的练习中，姜雨荷正在华丽转身：粗心大意的毛病渐渐消失，她能认真对待题目中的每一句话、每一个字甚至每一个符号。在专家组、教练组的训练指导下，她在赛场上遇到突发状况和困难时能果断处理。最可喜的是，她的英语水平也有了很大的提高：从只认识 26 个英文字母的“英语幼儿”逐步提高，到现在已经能看懂较复杂的专业英语文献，并能编辑、撰写英文实验报告。

常年的艰苦训练，也让姜雨荷练出了扎实的基本功，“我感觉自己已经练出肌肉记忆了。”姜雨荷笑着说，常年的训练让她拿起一个实验器材，基本不用怎么思考，就知道怎么操作。而这种“特殊技艺”也为姜雨荷日后参加世界技能大赛打下了良好的实操基础。

2022 年，世界技能大赛特别赛拉开战幕后，化学实验室技术项目比赛的时间长达 3 天，实验时间多至 20 个小时，这对选手们的精神和体力都是严酷的考验，能顺利完赛靠的全是姜雨荷之前的大量练习和肌肉记忆，还有内心必胜的信念。

努力付出的汗水会浇灌出最美的“花”。最终，姜雨荷战胜了自己，也战胜了其他顶尖对手，登上了世界技能竞技的最高领奖台。

下一站，逐梦未来

曾经，为了获得唯一的代表国家出战的资格，姜雨荷闯过重重关卡。

市级选拔赛、省级选拔赛、省集训队选拔、全国选拔赛、国家集训队选拔……经历过数不清的挫折与失败，姜雨荷“死磕”到底，夺得冠军，圆梦世界技能大赛。

如今赛事落幕，姜雨荷也开始规划自己的下一个目标，“如果有可能的话，我想回到母校，为学校尽

一些自己的力量。”聊到未来，姜雨荷希望可以留在母校指导更多的学弟学妹，用自己的知识和经验，帮助他们也站到世界技能大赛的舞台上，一展风采。

姜雨荷说：“我们是职业教育的受益者，非常感谢国家的大力支持，推动技能人才队伍建设。技能一样可以成才，可以报效国家，希望有更多的中国学子走上学习技能、掌握技能，最终利用自己的技能回报社会的道路。”

金牌选手的诞生之路，从来不是坦途。姜雨荷选择了这条难走的路，回望过往，充满坎坷，布满荆棘，却也繁花似锦、缤纷灿烂。

来源：河南化工技师学院

化学实验室技术项目团队

选手

姜雨荷	河南化工技师学院学生

集训基地

山东化工技师学院
上海信息技术学校
河南化工技师学院
重庆市卫生技工学校
四川理工技师学院
西安石油化工技工学校

技术指导专家

季剑波	徐州工业职业技术学院教授、高级工程师
杨明明	山东化工技师学院工业分析与检测系主任、高级讲师
燕传勇	徐州工业职业技术学院化学工程学院副院长、副教授
贺攀科	河南化工技师学院高级讲师
母昭德	重庆医科大学药学院化学系主任、教授

教练

王　凯	湖北大学化学化工学院副院长、教授
白磊磊	山东化工技师学院工业分析与检测系副主任、一级实习指导教师、技师
罗思宝	四川理工技师学院教务处副处长、高级实习指导教师
樊红珍	西安石油化工技工学校培训部主任、高级讲师
李小丽	中山市技师学院高级工程师

翻译

赵亚男	江苏城乡建设职业学院副教授
郑思涵	河南化工技师学院助理讲师

拼得一身爱和勤
逐梦世界技能“奥林匹克”

——记可再生能源项目金牌获得者　陈智勇

“The gold medal,Zhiyong Chen,from China!”2022 年 10 月 19 日，陈智勇在世界技能大赛特别赛日本赛区的闭幕式上听到自己的名字，一颗悬着的心才终于落下来。经过 4 天 17 个小时的激烈比拼，陈智勇最终以 700 分的总成绩登上了世赛可再生能源项目的最高领奖台。

21 岁的他，在一年多的时间里，实现了从“菜鸟”到“国手”的华丽蜕

变，他获得了“广东省技术能手”“全国技术能手”“广东青年五四奖章”“全国向上向善好青年”等荣誉。这位出生于广东省惠州市博罗县罗阳镇田牌村的“00后”，用热忱和拼搏书写着新时代青年“向上向善”的前行力量。

从小爱拆装玩具　钟情机电一体化

“前几天我们刚进行了一次10进5淘汰赛，淘汰了5名队友。”陈智勇剑眉星目、外型俊朗，看起来比同龄人更多了一份沉稳。要知道此次淘汰赛汇聚的选手，都是2020年第一届全国职业技能大赛可再生能源项目的前十名，他们在一起学习，一起备赛，高手过招，竞争的激烈可想而知。在此次淘汰赛上，陈智勇排名第一，“再过几个月，我们还要再进行一次淘汰赛，5选1，最终确定1人代表中国参加第46届世界技能大赛。”

“从没看到过他对比赛有什么担心，总是自信满满的样子。”陈智勇的同班同学曾浩说，“他在班里时，我总排第二，他备战竞赛后，我就替他坐稳着第一的位置。陈智勇就是神一样的队友，鞭策着我不断前行。”陈智勇以他的经历和行动影响着身边人，曾浩也在2021年第二届全国技工院校学生创业创新大赛上获得二等奖。

陈智勇骨子里的自信是因为热爱。2019年高考后，他放弃了已被录取的一所大专院校的药学专业，入读广东省技师学院机电一体化专业，“我小喜欢拆装玩具，一直以来对机电很感兴趣，搜集学习了很多这方面的知识。”陈智勇说。

广东省技师学院是广东省的国家级重点技工院校，这所学校培养出了多位全国职业技能大赛和世界技能大赛的金牌选手。榜样的力量激励人，这些优秀学长的成才故事，在陈智勇心里撒下了种子；校内世界技能大赛中国队集训基地里高水平的选手和各类专业设备，在他心里掀起了波澜。从入校起，他就坚定了技能成就未来的信念，在学习上始终自律自强，保持专业第一，还担任班、团干部，综合能力突出，获得国家奖学金。2020年5月，学校选拔参与第46届世界技能大赛可再生能源项目的竞赛选手时，陈智勇毫不犹豫参与了，并最终成功进入竞赛队。

学精不厌苦　从“菜鸟”升级到“国手”

可再生能源项目是世界技能大赛新增项目，主要考核太阳能光伏、风力发电系统的安装与运行调试、风力发电系统的故障检修、区域能源规划与设计。项目难度大、技术含量高、操作技能新，对选手综合素质要求特别高。由于是新增项目，缺乏可借鉴的经验与系统的知识，教练团队带着选手们一起摸索，共同钻研，一步一脚印地搭建起了系统知识结构，一点一滴地提升赛场技能。

进入集训队的初期，陈智勇遇到了不少困难，从起步的探索，理论与实操的系统构建，不停歇的高强度训练，对学力、毅力和体力，都是一种巨大挑战。“大赛有严格的年龄限制，这是我为数不多的机会。”陈智勇紧紧抓住机会，学精不厌苦，他的双手和身上留下很多训练时被磕碰撞破的伤疤，有些甚至影响到训练，即使受伤陈智勇也不肯停下来休息几天。他深深知道，大家的天赋差异不大，唯有更努力更勤奋。训练之余，他经常浏览各类学习论坛，看他人的小创新小创意，减压同时开阔思路，手机里已经一年多没有安装游戏软件了，就连最喜欢的篮球运动也因备赛而暂搁一边。

“刚入队时，他的成绩并不靠前，但在后面的考核过程中，他的成绩持续直线上升。”世界技能大赛中国集训队专家兼教练组长薛林说，“他的理解领悟能力强，数学、物理基础比较扎实，通过勤学苦练很快补上了专业知识的短板。”

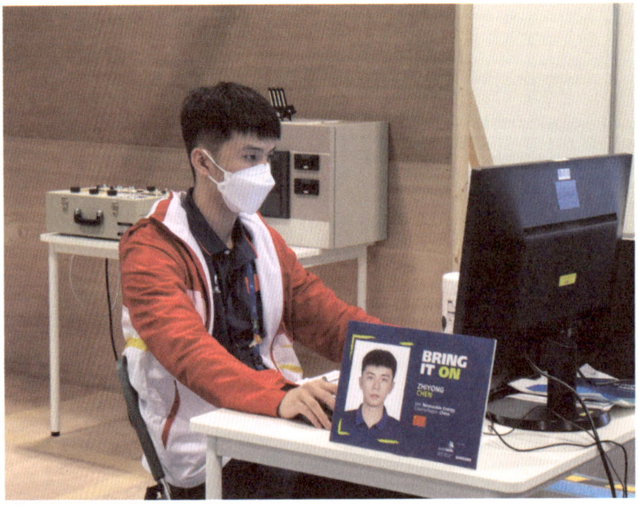

陈智勇靠着勤奋好学、刻苦训练，历经了多次淘汰选拔赛，他不但在学校集训队脱颖而出，还最终获得广东省第一届职业技能大赛的第一名，以及第一届全国职业技能大赛的参赛

资格。

比赛级别越高，难度越大。在第一届全国职业技能大赛可再生能源项目比赛中，有一个模块要求在5个小时内将平时2天工作时间才能完成的配电箱安装调试好。这个配电箱体积为2立方米左右，里面有各种大大小小的元器件几十个，光电线长度就有1 000米。第一次将配电箱安装调试完毕，陈智勇耗时2天多，"这怎么可能在5个小时内完成?"他第一次觉得"难"，辗转几天难以入眠。

"可以做到。"教练薛林给陈智勇注入了信心和勇气，他二话不说，搬把凳子坐在陈智勇旁边，仔细帮他分析每一个动作，乃至每一次抬手、每一回弯腰、每一个转身，都逐步优化精准到位。经过不断地优化强化，安装了不下10次后，陈智勇终于把"不可能"变成了"能"。在大赛现场，这一关还优化到了4小时左右完工，最终夺得大赛金牌。一位专家说：他的每一个动作都不是多余的。"经历过这一次，我坚信面对困难只要秉承永不放弃、坚持到底的信念，不断摸索、钻研、总结，就能一路'过关斩将'。"

践行工匠精神　筑梦技能报国

一次比赛就是一次历练，就是一次进步。在10进5淘汰赛上，陈智勇虽然得了第一名，但他对自己仍不满意。比赛项目中，有安装风力发电机低速转动轴一项，技术要求低速轴两端到台面的平行位和等高位相差不能超过0.01毫米，而陈智勇相差了1毫米。"一点细微的差异也会加速低速轴的耗损。"此套设备赛前两天才运来，陈智勇和其他选手都是第一次接触，"设备上的精度都是用微米来测量，我要学习精益求精的工匠精神，一丝不苟。”

斗转星移，窗外的大樟树经风雨洗礼，清亮青翠，在高强度的训练中，陈智勇喜欢看看窗外发发呆，来放空自己。“毕业后，我还是会留在家乡惠州发展，这里是生我养我的家乡，也将是我施展才华的舞台。惠州是全国乃至全球重要的电子信息产业基地，我希望能在惠州电子产业发展上有所贡献，也想用我的经历告诉更多年轻人，要结合自身的实际，选择适合自己的成才道路，行行都能出状元。”

撰稿：马海菊　邹丽娟

可再生能源项目团队

选手

陈智勇	广东省技师学院学生

集训基地

广东省技师学院
上海电力大学
南京化工技师学院
许昌技师学院
重庆五一高级技工学校（重庆五一技师学院）

技术指导专家

朱卫军	扬州大学教授
李永忠	广东省技师学院高级讲师
朱群志	上海电力大学教授
薛　林	广东省技师学院高级技师

教练

薛　林	广东省技师学院高级技师
陈石胜	广东省技师学院高级实习指导教师
董小玮	山东工业技师学院讲师
黄咏梅	南京化工技师学院高级讲师
倪林峰	费斯托（中国）有限公司工程师
王永科	许昌电气职业学院副教授

翻译

廖　影	广州市轻工技师学院教师
龙劲诚	广西机电技师学院教师

云上开花结硕果

——记云计算项目金牌获得者　陈新源

很多人认识陈新源，是从 2020 年第一届全国职业技能大赛开始的。

“这个项目太有意思了，超刺激！”云计算项目的场地外，总是站着一群人，仰着头目不转睛地盯着大屏幕上的数字跳动。只见位于第一名的广东选手陈新源每提交一个模块的答案，分数便迅速闪现，人群中不断发出惊叹：“又是满分，小伙子太稳了！”

2020 年 12 月 10 日，金牌稳稳到手，20 岁的陈新源不骄不躁：“今天是我参加训练的第 1 087 天。我会继续训练，向世赛发起冲击！”

674 天后，陈新源身披国旗，站上 2022 年世界技能大赛特别赛的最高领奖台。

19 岁，拿到两个行业“顶级证书”

陈新源 2000 年出生，是一名“千禧少年”。2015 年，他进入深圳技师学院通信网络应用专业学习。

或许是他与专业之间特别契合，进校后特别勤奋好学，刻苦钻研，专业成绩非常优秀。

在校前两年的学习生活中，除了完成日常的学习任务外，陈新源还加入了学校云计算工作室，开始系统学习基础网络知识和云计算基础理论知识。

得益于学校坚持产教融合办学理念，倡导“高端引领，深度融合”校企合作办学模式，陈新源所在的信息与通信学院先后与华为技术有限公司、亚马逊公司、腾讯科技有限公司等行业龙头企业签订了校企合作协议并制定了科学的人才培养方案。受益于学校良好的办学政策和育人环境，他在校期间考取了华为云计算 HCIE 和亚马逊 AWS 专家级解决方案架构师 SAP 两个行业内的顶级认证，打下了扎实的技术功底，为日后参加各级别的比赛奠定了坚实的基础。

世赛梦想，远在“云”端

陈新源第一次与世界技能大赛结缘是在他 2015 年开学报到时，看着图书馆外张贴着刚刚取得第43届世界技能大赛平面设计项目优胜奖的马韦欣学姐的巨大表彰海报，觉得非常酷，开始在心里不断地憧憬着自己也能代表中国参加世界技能大赛。

初闯

在校第三年，陈新源的班主任邬琼老师力邀他加入世界技能大赛网络系统管理项目校集训队，于是他的第一次冲击世赛之旅就这样开始了。在集训队中他勤奋好学，反应机敏，多次在校内选拔中拔得头筹。在深圳市选拔赛获得第二名后，他代表深圳市参加了第45届世界技能大赛网络系统管理项目的广东省选拔赛，可惜因为缺乏比赛经验，最终只获得了第11名，遗憾地结束了第一次冲击世赛之旅。

再闯

经历短暂的沮丧后，2018年11月，陈新源的教练苏翔宇老师告诉他，世界技能大赛新增了云计算项目，问他是否有兴趣参加。陈新源不假思索地同意了，立刻跟随教练投入到新项目的集训中。吸取了上次失败的教训，这次陈新源在训练阶段更加刻苦和严谨，也走得更远。他作为广东省赛第一名闯入全国选拔赛，但因失误最终痛失出线权，与世赛入场券“擦肩而过”。

“换一种身份参加世赛”

全国选拔赛后，陈新源陷入了深深的自责和不甘中，觉得是因为他自己的失误才导致整个团队的努力全都白费。为此他经历了长达半年多的自闭，后来在教练的引导下才一步步走出低谷，重新振作起来。

在世赛训练基地和参加集训选手的邀请下，他在第45届世界技能大赛开赛前夕加入云计算项目国家集训队，成为技术支持人员，跟随国家集训队积极训练，不但提高了专业水平，也为国家集训队贡献出自己的力量。

三闯

2019 年末，陈新源参加第 46 届世赛的校内集训，正式开始他的第三次冲击世赛之旅。这一次，他更加努力，训练中他时时用过去的失败警醒自己，时刻以最高标准要求自己。为了能够在赛场上做到心态和状态更加稳定，陈新源开始以赛代练，参加了国内外多个邀请赛，在比赛中寻找问题、总结问题、解决问题，不放过任何一个细节。

在各大邀请赛中，陈新源都取得了较好的成绩，其中 2020 年 5 月由亚马逊 AWS Academy 举办的 AWS Academy GameDay 邀请赛令他印象深刻。这是陈新源第一次代表中国参赛，虽然最终没有拿到第一有些遗憾，但还是战胜了新加坡南洋理工大学等一众高手，获得该邀请赛亚太地区第二名，这让陈新源第一次感受到代表国家拿奖的那份荣誉感，这也使他重拾自信，更添沉稳。

在 2020 年 12 月第一届全国职业技能大赛上，陈新源已经成为一名成熟和有经验的选手，以绝对优势获得云计算项目金牌，进入第 46 届世界技能大赛云计算项目国家集训队。

国家集训队中专家和教练们针对每个选手的薄弱环节进行了特训，并针对选手心态和体能问题进行了训练。在国家集训队第一轮集训考核中，陈新源以第一名的成绩取得了参加 2022 年世界技能大赛特别赛的参赛资格。

出征

第三次世赛之旅格外艰难，经历了上海世赛延期、取消。2022 年 10 月，陈新源终于走出国门，代表中国出战 2022 年世界技能大赛特别赛云计算项目。第一次踏上世界技能最高赛事的赛场，陈新源

却表现得很淡定："我只需要做好我自己，跟自己比，享受比赛。"

然而比赛并非一帆风顺，第一天，陈新源就遇到了一些比赛之外的突发情况。他冷静完成比赛并提交后，立刻反馈专家和翻译，通过专家和中国代表团第一时间协调解决问题，排除了不利于比赛的干扰因素。

第二天，题目超难，不少选手"倒"在这一关。比赛后半段，陈新源看到分数屏上德国选手追的比较紧，便想将方案修改得激进一点，把优势拉开一点，但是在修改方案的时候出现了失误，导致丢了一些分数，让他一度非常紧张。好在失误不算太大，经过短暂地调整后弥补了这个小失误。凭着扎实的功底，陈新源还是完成了任务，在第二天就基本锁定了成绩榜"第一梯队"的格局。

比赛第3天、第4天，竞赛模块全部是系统判分，没有人工评判分数，这也意味着他只要做好所有题目，正常完成比赛，就很有希望获得金牌。越是好的局面，越需要选手有好的心态。陈新源稳定发挥，以连续四天接近满分的成绩，在闭幕式前一天，提前为中国代表团锁定了金牌！

圆梦

2022年10月16日，陈新源顺利发挥，早早提交答案，结束整场比赛。浑身轻松的他，在赛场度过了自己难忘的22岁生日。

2022年10月17日，陈新源身披国旗，奔跑着冲上世赛最高领奖台，圆梦金牌！翻开陈新源的训练日程表，这是他冲击世赛的1 761天！

"这荣誉不属于我一个人"

拿到金牌，面对铺天盖地的赞美和报道，陈新源在度过最初的兴奋后，立刻冷静下来。接受媒体采访时他反复强调："这绝对不是我一个人的荣誉，这是团队的力量！"

"1 700多个日夜，我的主教练苏翔宇老师付出了大量心血，这次比赛他也全程陪同和保障，这块金牌离不开他的全力付出和指导。

"学校和我所在的信通学院给了我极大的支持。竞赛办袁军老师、教练组赵玉林院长、廖银萍院长、宫一凡老师和刘运时老师从项目方向、技术、策略和后勤保障等方面，都给了我无微不至的帮助。这次比赛，邓元龙校长到一线全力保障，保障团队关心我的比赛情况，协调解决我遇到的困难，让我感受到无限温暖。

"在世赛期间，我们项目的专家刘翔教授和翻译屈丹丹老师对我顺利完成比赛也起到了至关重要的作用，他们与外方专家沟通时坚持竞赛规则，保证选手能在公平的环境中竞赛，减少场外因素对选手的干扰。屈丹丹老师为我精准翻译赛题，帮助我节省读题时间。

"感谢我的学校深圳技师学院，是学校给了我圆梦的平台，让我'冲上云霄'，成长为现在的我。"

金牌之后，从零开始

"很多人想知道我接下来有什么计划？其实我的计划很多。

"我想把收获的技术和经验整理好，让后续想要征战世赛云计算项目的技能青年们得到一些帮助，少走一些弯路，一起助力中国云计算在世赛舞台上能取得更好的成绩，早日取得我们项目在'阿尔伯特·维达'大奖的突破。

"我想把学到的技能传递出去，把金牌的成果转化出去，也为我们的专业建设出一份力。很高兴我经过这么久的训练和学习，有了一定的专业能力，能做一些有用的事。

"以后我会始终保持一个学徒心态，去不断地提升自己，戒骄戒躁。当给自己设定了一个目标后就全力以赴去实现这个目标。希望我的经历能对技能青年们坚定技能成才的信心方面，带来一点正面的影响。

"比赛结束很多天，我还是保持着训练的作息，对于我来说，与其说这是获奖后的第 10 天，不如说，这是我训练的第 1 771 天。"

来源：深圳技师学院　图片提供：王益亮　初英智　马菲

云计算项目团队

选手

陈新源	深圳技师学院教师

集训基地

江苏省常州技师学院
首钢技师学院
天津电子信息职业技术学院
海南省技师学院
成都东软学院

技术指导专家

刘　翔	上海工程技术大学副教授
方　宏	江苏省常州技师学院高级实习指导教师
赵玉林	深圳技师学院高级实习指导教师
张建群	首钢技师学院高级工程师
何国锋	中国电信研究院教授级高级工程师
李　腾	重庆电子工程职业学院副教授

教练

吕轩民	江苏省常州技师学院讲师、高级技师
苏翔宇	深圳技师学院高级讲师
翁启文	海南省技师学院高级讲师、技师
徐玉清	上海理想信息产业（集团）有限公司高级工程师

翻译

屈丹丹	成都市机械高级技工学校助理讲师
王西银	山东劳动技师学院国际交流合作处副处长、副教授

闪耀世界的“青春代码”

——记移动应用开发项目金牌获得者　杨书明

在 2022 年世界技能大赛特别赛上，来自广州市工贸技师学院的杨书明获得移动应用开发项目金牌。从 15 岁进入学校开始接触世界技能大赛，他为了站上这个最高领奖台奋斗了七年之久，终于梦想成真。

七年辛勤努力，一朝梦想成真

2015 年，年仅 15 岁的杨书明进入广州市工贸技师学院网站开发与维护专业学习，期待着能学到一门技术，以后有个好前途。

2015 年 8 月，第 43 届世界技能大赛在巴西圣保罗举行。作为国内最早接触

世界技能大赛的院校之一，广州市工贸技师学院也派出选手代表中国出战。杨书明介绍："我在报读学校时就看到招生简章上提到了世界技能大赛，入学的时候刚好碰到学校参加第 43 届世界技能大赛的选手归来。和他们交流后，我很快确立了自己参加世界技能大赛的目标。"

过去几年，国家级技能大师工作室负责人陈立准担任杨书明的教练。在陈立准眼中，杨书明不仅积极、上进，自律性强，对攻克技术难题有较高热情，而且特别沉稳、冷静、坚毅，具备征战世界技能大赛的潜质。

"杨书明训练了七年，从没有放过寒暑假。一周训练六天，雷打不动。我们对他的临场能力非常有信心。"陈立准说。

这七年之中，各种困难和打击都会遇到。杨书明说："对我而言最刻骨铭心的困难是在 2019 年上半年，当时我在客场作战的情况下取得了世界技能大赛网站设计与开发项目全国选拔赛以及国家集训队第一阶段考核的第一名，但是最后却因一个小失误，以微小的差距无缘第 45 届世界技能大赛。"为此，杨书明颇为沮丧。在学校领导和教练的关心支持下，他转战移动应用开发项目，找到新的奋斗目标，慢慢从失败中走出来。

"移动应用开发项目属于世界技能大赛的新增项目，与网站设计与开发项目虽然都含有开发两个字，但还是有很大区别的。开发的语言不同，目标平台也不同。"杨书明说。

为此，三年来杨书明更加刻苦地训练。早上 8 点钟到集训基地，先用 1 小时练习英语，然后开始比赛模块的训练，一直持续到晚上 8 点。训练结束后，还会进行当天的技术总结，等忙完已差不多是晚上 9 点，有时甚至更晚。经过一系列的选拔，杨书明脱颖而出，获得代表中国参加 2022 年世界技能大赛特别赛的资格。

2022 年 10 月 13 日—16 日，世界技能大赛特别赛移动应用开发项目在韩国举行，共有来自中国、德国、韩国、日本等 11 个国家和地区的选手参赛。

杨书明介绍，移动应用开发项目比赛包括 4 个模块，持续 4 天，参赛的任务是以世界技能大赛为主题，制作相关的展示性移动应用（App），引导用户更深入地了解世界技能大赛。“本次比赛无论是比赛时长、技能深度，还是技能广度，完成起来都要比国内比赛难度大。最大的困难在于，选手比赛时能使用的工具是给定的，比赛工位也完全不能连接互联网，在遇到问题时只能有限次数地到所有选手共享的信息查询区进行查询。这与现实中行业内的开发工作有很大不同。”

杨书明沉着应对，没有按照常规的思维按顺序开发，而是挑重点、分点来做。在完成题目要求之余，他还尽量对用户界面进行了美化，提升了用户体验，完成了一个让自己满意的作品。最终，杨书明的作品得到认可，获得该项目金牌。七年辛勤努力，一朝梦想成真。杨书明说：“最终站上领奖台那一刻十分激动，感觉七年付出的汗水一下子就释怀了，当时在台上忍不住与其他选手互相拥抱蹦跳庆祝。”

让更多有志者人生出彩

杨书明说：“这些年，我能很明显地感受到广州市工贸技师学院的办学水平得到了很大提升，我们集训基地的设备条件也越来越好，这也是广东选手在世界技能大赛的舞台上屡获佳绩的重要原因。”对于未来，杨书明倾向于留校任教，总结参赛经验，协助学校加强世界技能大赛标准的研究转化，优化技能人才培养方法，为更好

地培养数字技能人才、选拔培训更优秀的选手贡献力量。同时，他也考虑到高等院校继续深造，提升理论水平。

杨书明说："希望能以我逐梦世界技能大赛的故事，推动更多学生热爱专业技能，追求提高技能，让更多有志者人生出彩。"

撰稿：史成雷　图片提供：李素芳　方常亮

移动应用开发项目团队

选手

杨书明　　广州市工贸技师学院教师

集训基地

广州市工贸技师学院
上海出版印刷高等专科学校
安徽芜湖技师学院
福建船政交通职业学院
山东劳动技师学院
武汉工商学院

技术指导专家

蔡立勋　　天翼数字生活科技有限公司研发经理
吴多万　　广州市工贸技师学院高级讲师
陈立准　　广州市工贸技师学院高级技师
蒋　琳　　哈尔滨工业大学（深圳）副教授

教练

吴多万　　广州市工贸技师学院高级讲师
叶重涵　　广州市工贸技师学院技师
马平川　　上海出版印刷高等专科学校高级讲师
高慧敏　　安徽芜湖技师学院讲师
郑志娴　　福建船政交通职业学院副教授
彭福荣　　山东劳动职业技术学院讲师
刘雄华　　武汉工商学院教授

技能竞赛经理

方俊彬　　暨南大学珠海校区管委会副主任

翻译

李素芳　　中建五局高级技工学校（长沙建筑工程学校）教师
王西银　　山东劳动技师学院国际交流合作处副处长、副教授

夺金就是要快、准、稳

——记 3D 数字游戏艺术项目金牌获得者　罗凯

2022 年 10 月 13 日，韩国高阳，2022 年世界技能大赛特别赛 3D 数字游戏艺术项目赛场。

中国选手，来自深圳技师学院的罗凯深呼吸数次，调整好心态，全神贯注地投入比赛中。

2022 年是中国代表团第三次出战世界技能大赛 3D 数字游戏艺术项目，带着为国出战的荣誉感，带着团队多年奋斗拼搏的使命感，带着渴望与梦想，带着扎实的技能，罗凯淡定的外表下，只有一个坚定的信念：夺金！

缘起——“世赛是我的梦想”

2016年7月，15岁的罗凯抱着“有一技之长，走遍天下都不慌”的想法，选择入读深圳技师学院游戏设计专业。

一次，罗凯在3D建模自选课上认真地制作3D模型。也许是他专注用功的状态打动了管庭玮老师，罗凯被推荐加入了游戏设计专业俱乐部，系统学习基础概念设计、3D建模和雕刻、贴图绘制和动画制作。

不久，第45届世界技能大赛深圳市集训选拔赛拉开帷幕，罗凯毫不犹豫地报名参加了，但由于他对软件和比赛规则的掌握与了解不到位，在深圳市选拔赛的第一轮中他就被淘汰了。

看着其他选手成功晋级，在赛场上大放光芒，罗凯非常羡慕，也点燃了他的斗志。他暗下决心，一定要站在世赛舞台上，证明自己。

苦练——“成功没有捷径”

幸运的是，罗凯的班主任周全老师慧眼识才，罗凯得以进入世赛集训梯队，与第45届世赛集训选手一起进行世赛知识的学习。为努力跟上训练的步伐，罗凯几乎整个暑假都没出过校门，每晚都练习到深夜。虽然之前落下很多训练课程，跟其他队员的水平差距也很大，但他从未放弃追赶上他们的目标。他暗下决心，一定要加倍努力，冲击下一届世赛！

3D数字游戏艺术项目对选手要求极高，选手要同时兼任原画师、建模师和动画师几个角色，不但要有极高的设计和软件运用能力，还要把项目完成得又快又好。原画是罗凯的弱项，在校学习的几年间，罗凯每天都随身带着一个速写本，

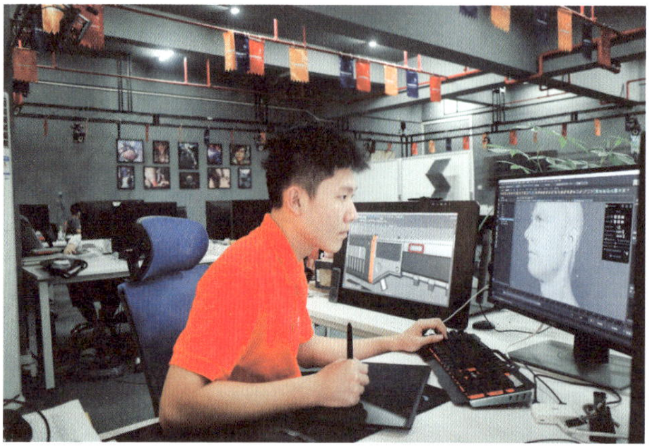

看到打动自己的景物会立刻画下来，通过大量练习来弥补短板。

两年后，罗凯正式加入第 46 届世赛深圳市集训队。第二次参加世赛集训，从一开始的紧张，急于证明自己，到稳定心态，学会先思考再行动，全力拼搏，看淡得失，罗凯足足准备了三年。这三年，他放弃了假期，几乎都是在学习和训练中度过。

经过层层选拔，罗凯咬牙一关关闯了过来。市赛第一名、省赛“15 进 3”“3 进 1”考核第一名、第一届全国职业技能大赛 3D 数字游戏艺术项目第一名（金牌）、第 46 届世界技能大赛 3D 数字游戏艺术项目国家集训队第一轮集训考核第一名……终于，罗凯取得了参加 2022 年世界技能大赛特别赛的参赛资格，离梦想又近了一步！

夺金 ——“让梦想变成现实”

2022 年 10 月，信心满满的罗凯随中国代表团前往韩国，正式踏上自己梦寐以求的赛场。然而，拿到题目的一刻，罗凯的第一感觉还是“有点慌”。比赛题型发生重大调整，项目模块由原来固定的 4 个“突然”变成了 8 个。以前的 4 个模块环环相扣，以第一天的概念设计为基础，后面的模型、雕刻、贴图和动画引擎都必须以概念设计为核心展开，而这次 8 个模块之间没有关联，有几个模块在题目思路方面甚至是罗凯没有接触过的。

赛前一个小时开始翻译，而翻译时间只有半个小时；赛前最后半个小时才公布题目，而与专家讨论的时间也仅有 15 分钟。幸运的是，罗凯的教练都非常资深和专业，从容应对，在赛前交流中给他制定好了应对策略，这使得罗凯的压力减轻了许多。他静下心来，沉着应对，尽乎完美地完成了各个模块的技术操作。

罗凯对自己优势的总结是：稳、准、快。3D 数字游戏艺术项目要求选手的创意设计能力和软件制作能力并驾齐驱。罗凯在软件操作方面的速度非常快，他在建模模块的主观和客观分全场最高。正是因为他操作够快，够准，让他在这个模块形成了对其他选手“碾压式”的优势。

比赛中，罗凯习惯于每次比别人多想一点，多做一点。比赛最后一个新模块，选手需要根据“绿野仙踪”的元素设计符合“堡垒之夜”风格的像素画，要求越多越好。虽然用的是罗凯从未使用过的新软件，他却一口气画了 36 张，是全场最多的，第二多的选手也才画了 14 张图。罗凯能具备这些优势，也是得益于平时大量的练习和积累，他的表现也得到了其他专家们的认可。

由于其他竞争对手表现不俗，好几个模块比分咬得很紧，直到 2022 年 10 月 17 日下午，韩国赛区闭幕式现场，当听到主持人用英文喊出那句：“The gold medal goes to Kai Luo from China”时，罗凯从惊愕到激动，泪水夺眶而出！他身披五星红旗，一路奔跑上台。这一刻，梦想变成了现实，他真的站上了技能竞赛的最高领奖台，为祖国争得了荣誉！

闪光 ——“只是因为所有人的光投射在我身上”

“是他们把光汇聚到我身上，才让我站上了这最高领奖台。”

获奖当晚，罗凯在朋友圈写下这样一句话。

“我最想做的事，是把金牌挂在专家组长和教练老师的身上，和他们每个人合照，感谢他们这几年来的辛苦付出。”

“赛前赛后，专家组长叶维中老师和温昊、周烽两位教练操碎了心。他们全程关注我的赛况，为我制定比赛策略，鼓励我沉着应对。为了能让我吃好睡好，还想尽办法给我带一些有营养的特色美食，可他们自己却总是吃不香，睡不着。”

“感谢我的翻译老师周宣含在比赛期间的精准翻译，以及对我的照顾和关心。感谢每一个关心和爱护我的人。”

“我还要深深感谢我的学校——深圳技师学院！学校给了我一个特别理想的平台。只要你有梦想，有目标，好的平台可以帮助你实现，而深圳技师学院就是这样的好平台。”

初心 ——“我还是原来的我”

“拿到这枚金牌，意味着我没有辜负整个专家和教练团队对我的培养，也是对自己多年努力的肯定，但我不会就此停止自己学习和探索的脚步。我将会更加有信心面对人生下一次挑战，这次的经历也让我深信：努力一定是有回报的。

“我的专业是游戏美术设计，深圳也是设计之都，许多著名的游戏研发企业也在深圳，我希望能用自身所学，创造出更多有意义有深度的游戏作品，把我们中国的传统文化元素融合到游戏作品中，让全世界玩家通过我设计的游戏了解中国，喜欢中国。

“既然给自己定了目标，就要坚持不懈地为之奋斗。同时，我也想为深圳的技能人才培养做点贡献，帮助专家组长更好地发掘新选手，培养新苗子，让更多像我这样的青年人能够通过技能改变人生，使生活更美好！”

来源：深圳技师学院　图片提供：王益亮　郭振峰

3D 数字游戏艺术项目团队

选手

罗　凯	深圳技师学院教师

集训基地

深圳技师学院
北京市新媒体技师学院
宁波第二技师学院
广西机电技师学院
重庆工商职业学院
长江职业学院

技术指导专家

叶维中	上海摩意网络科技有限公司技术总监
张苏中	上海市多媒体终端专业委员会主任、教授、高级工艺美术师
王立莹	畅游云端（北京）科技有限公司美术总监

教练

温　昊	深圳技师学院游戏设计专业主任、讲师
吴　伟	心动互动娱乐有限公司美术总监
魏　铭	上海育碧电脑软件有限公司美术总监
周　烽	深圳技师学院教师
张晓东	深圳技师学院教师
何　謇	深圳技师学院讲师
葛芳芳	上海摩咔动画有限公司动画总监

翻译

周宣含	广东邮电职业技术学院教师
孟　夏	深圳技师学院讲师

“对症下药”做最佳方案
“早八晚八”拼出突破

——记货运代理项目金牌获得者　朱珂

“对症下药”，创造佳绩

“我真的做到了！”走下领奖台，朱珂喜笑颜开，她在 2022 年世界技能大赛特别赛货运代理项目中夺得金牌，创下中国代表团在该项目的最好成绩，实现了“仅用英语”试点项目的中国队首金。

颁奖结束后，朱珂已累得说不出话。她连续3天与世界各地技能高手同台竞技，每天要完成6小时的“脑力比拼”。货运代理项目是世界技能大赛4个指定为“仅用英语”的试点项目之一，主要考察选手与不同客户、供应商打交道的能力。该项目对选手语言要求非常高，比赛期间全程使用英语交流、答题，不允许配翻译。与此同时，货运代理项目还要求选手具备高难度方案设计能力、高强度业务沟通能力、应急预案处理能力和综合协调资源能力等，因此夺金难度非常大。朱珂的指导老师、技术指导专家组组长吕秀文表示：“货运代理项目既要解决语言障碍，又得克服文化差异，比如不同国家的供应商对海陆空运输要求存在差异，朱珂就得‘对症下药’，做出一套让各方都满意的方案。”

走出学生身份，深耕货代行业

早在就读上海东海职业技术学院时，朱珂就对物流行业很有兴趣，后来通过“专升本”进入上海第二工业大学物流管理专业学习。2020年，她在第一届全国职业技能大赛暨第46届世界技能大赛全国选拔赛获得货运代理项目冠军。不久，她被选拔进入第46届世界技能大赛国家集训队。

进入国家集训队后，朱珂每天要完成从早8点至晚8点的12小时高强度训练。如何在比赛考核中走出学生身份、克服学生思维，如何从实际工作角度出发解决问题，成为困扰她的最大难题。为了跨越这些障碍，朱珂接连“辗转”了8家企业，在20余个岗位上进行实操训练，通过和企业带教师傅频繁的交流与学习，她逐渐成为一名“物流老手”。同时，朱珂还不断练习模拟题，从大量题目中总结经验。除此之外，朱珂在提升英语能力上也丝毫不曾懈怠，尽管当时她的英语能力已达标，但还是坚持每天与外教沟通，以熟悉不同的口音。

困难重重，沉着应战

然而朱珂面临的挑战不只是这些，受种种因素影响，本项目竞赛经理岗位轮空。依据往届比赛情况，竞赛经理将直接影响考核方向。在冲刺阶段，如何确定培训方向一时间出现了困扰，朱珂也由此产生了赛前焦虑情绪。但她还是很快稳定了自己的情绪，按照集训安排，刻苦训练，顽强拼搏。

进入2022年世界技能大赛特别赛货运代理项目的赛场后，没想到电脑键盘也能上演“意外惊喜”。原来，这次特别赛奥地利赛区配置的键盘并不是我们平时习惯使用的美式键盘，而是德语键盘，而且由于设备有限，无法对键盘进行更换。但这突如其来的变故并没有让朱珂慌了手脚，在实际比赛使用后她发现，虽然键盘的布局和平时使用的有些许不同，打个别符号的时候需要花额外的时间去找，但是整体上不影响比赛，她稳住心态，沉着应对，很快适应了德语键盘的操作。

在赛前与其他选手交流时，朱珂发现奥地利选手和拉脱维亚选手都已经有多年

的货代行业工作经验，虽然她去过很多不同类型的企业学习，但就工作经验来说，没有其他参赛选手那么丰富。刚知道这些信息的时候，朱珂难免会有些许不安和紧张，吕秀文老师及时发现了她的情绪变化，及时跟她分享了自己丰富的从业经验。吕秀文老师告诉朱珂，一家企业的某一个工作岗位，大多只是处理单一事务，很难全面了解不同环节、不同领域的货运代理业务知识，而比赛本身考验的是一名选手的综合能力，在这一点上，她在集训时所接受的全方位综合培训，恰恰能更好地适应比赛的要求。朱珂听完吕老师的分析，信心更加坚定，最终也以优异的比赛成绩证明了自己。

继往开来，砥砺前行

赛后，朱珂表示非常感谢国家一直以来的支持，她依然记得在参加 2022 年世界技能大赛特别赛奥地利赛区开幕式时，她作为中国代表队旗手的自豪和骄傲。她也非常感谢项目专家、翻译以及教练团队在这三年备赛期间的谆谆教导，以及为这个项目的辛勤付出，正是在大家共同的努力下，才使她站在了世界技能大赛的最高领奖台上。

货运代理是一个与人打交道的行业，国际货运代理人历来被称为“运输的设计师”，凭借运输知识以及其他相关法律法规知识，组织运输活动，设计运输路线，选择运输方式和承运人，服务并协调供应链上的每一方。展望未来，朱珂更坚定了自己的目标——未来，她将继续在货代行业深耕细作，把碰到的问题作为自己的挑战，从过程中学习沟通的技巧和处世的方法，早日成为一名优秀的国际货运代理人。同时，她相信在世界技能大赛的舞台上，中国代表团在货运代理项目上一定还会创造更加辉煌的成绩！

撰稿：周思语　图片提供：杨俊鹏

货运代理项目团队

选手

朱　珂	上海第二工业大学学生

集训基地

上海国际港务（集团）股份有限公司
山东劳动技师学院
武汉工商学院
广东省城市技师学院
广西交通职业技术学院
新疆商贸经济高级技工学校

技术指导专家

吕秀文	上海国际港务（集团）股份有限公司物流与供应链高级专家
李凤成	中远海运化工物流有限公司副总经理
宋　军	东方航空物流有限公司货站事务部副总经理
杨佳骏	重庆嘉宏国际物流有限公司总经理

教练

孙　晓	上海交通职业技术学院副教授
卢　昀	北京康捷空国际货运代理有限公司上海分公司操作经理
赵　坚	上港集团物流有限公司国际货运分公司高级业务经理
孙巧玲	广东省城市技师学院运输管理学院院长、副教授
张　瑾	上海东海职业技术学院副教授
熊晓亮	武汉工商学院副院长、副教授

翻译

杨俊鹏	江苏省常州技师学院讲师
王立昀	上海港教育培训中心一级培训师

大山里走出新“鲁班”

——记家具制作项目金牌获得者　李德鑫

北京时间 2022 年 10 月 15 日晚，22 岁的赣州选手、江西环境工程职业学院教师李德鑫在 2022 年世界技能大赛特别赛瑞士赛区比赛中勇夺家具制作项目金牌，这是中国自参加世界技能大赛以来在该项目上夺得的首金。

获悉这一喜讯，人民日报客户端第一时间点赞：这种世界冠军很重要。新华社也在对李德鑫的采访报道中评价道：这位“青年鲁班”向世界展示了中国的工匠精神。“三百六十行，行行出状元”，但没有一项荣誉是天上掉下来的。李德

鑫的夺冠之路，同样充满奋斗的艰辛、收获的不易。

怀揣梦想　走出大山

李德鑫出生于江西省赣州市大山里的南康区十八塘乡。经常在邻居和亲戚的家具厂里玩耍，是他印象最深的童年记忆。

他的家乡南康，有着“木匠之乡”“中国实木家具之都”等美誉。受成长环境的影响，高中毕业后的李德鑫选择进入江西环境工程职业学院家具艺术设计专业学习。他坦言：“当时的想法很简单，就是考虑到毕业之后能更好的就业，而且可以离家近一点。”但随着学习的不断深入，李德鑫的思想认识也逐渐深刻。他认为，家具产业要有更好的发展，必须迈向规范化、高端化、国际化。他希望能用自己所学，为南康家具产业的转型升级做一些贡献。

在学校，通过系统化学习人体工程学、设计美学、材料科学、家具发展史等，李德鑫陆续“解锁”了一项项专业技能，开始深入了解和追求家具之美、木工之专。其中，他最喜欢的部分是动手实践，每当自己把一块块平淡无奇的木头，变成一件件精美的家具艺术品时，他内心就感到巨大的满足，有一种莫名的成就感。

天赋异禀，加上勤奋好学，2019 年，李德鑫被选入校队，正式接触世界技能大赛。可谁也没想到，这个初出茅庐的木匠学子，3 年后会是世界冠军！

潜心钻研　精益求精

世界冠军需要有怎样的专业水准?

通过 2022 年世界技能大赛特别赛的一组组数据可见一斑：组委会给定一张立式柜图纸，要求所有选手在 4 天内、集中的 22 小时里，独立完成交出成品；以 1 米高的桌腿为例，尺寸误差要求在正负 0.5 毫米之内，做不到就得零分；来自 18 个国家和地区的选手同台竞技，评委会列出 146 项指标进行打分评比，得分高者胜出。

凭借作品超高的还原度和精准度，李德鑫从 18 名选手中脱颖而出。家具制作项目中国技术指导专家组组长刘晓红说：“科学的训练方法成就了李德鑫的金牌。他的作品之所以受到青睐，是因为他在多个技能项目上技艺精湛。”而在他的教练张付花看来，李德鑫的成功，很大程度源于他阳光上进、精益求精、刻苦钻研、对自己要求很高。“自从他得知决赛时中午没有午休时间之后，他就开始改掉自己午休的习惯，只为了调整自己的生物钟，在中午时间段仍能保持充沛的体力和精力。”张付花心疼地说。

好的比赛成绩，是经过长时间科学、系统训练之后取得的。李德鑫从入校队、到省队，再到代表中国出征世界技能大赛，一直有国家级专业教练和江西环境工程职业学院作为坚实后盾，指导他开展科学化、系统化训练。每天，他坚持晨起早课、早练，体能、技术要一一过关，三年多时间从未间断。学校训练计划安排得很系统，除理论知识与技能操作课程外，还专门设有礼仪课程，训练大家的站姿、坐姿，教大家如何上台领奖、展现大国工匠风范。

“我是幸运的，赶上了国家高度重视技能人才队

伍建设、大力发展职业教育和技工教育的黄金时代。”李德鑫感激地说，“国家一系列政策让技能人才有了用武之地，有了发展空间，‘工匠精神’也得以薪火相传。今后，我将继续坚守职教岗位，用心培养更多的产业工人。相信并期待，未来将涌现更多的大国工匠。”

追求卓越　为国争光

在此次特别赛比赛过程中，曾出现一个小插曲，让李德鑫难以忘怀。

一份打磨好的榫卯结构半成品交给评委打分之后，迟迟没有被归还，技术指导专家刘晓红前去一探究竟。只见评委们正围成一圈，对李德鑫的作品闻了又闻、摸了又摸。“绝对打蜡了、作弊了！这么丝滑、无瑕，不可能是纯手工所为！”其中一个外国评委觉得不可思议，用英语这样说。刘晓红成竹在胸地说道：“这就是我们中国传统手艺。我们绝不会作弊，愿意接受任何检验！”最终，李德鑫的作品被证实没有作弊、有效参赛。众多评委还随着刘晓红的指引，前往李德鑫制作“双燕尾榫”这一高难度作品的现场参观，看后纷纷竖起大拇指。

“世界技能大赛，也是个很好的文化传播平台。参加比赛可以向其他优秀选手学习，同时也通过自己的技艺向世界展示中国的‘工匠精神’，展示中国家具制作中蕴含的优秀传统文化和高超的现代化制作水平。”李德鑫说，“中华民族拥有悠久的历史文化，而家具作为中华艺术宝库的重要组成部分，能传递中华文化底蕴，也能传达精雕细琢背后的匠人本色和土木情怀。”

因为热爱，所以专注；因为专注，所以卓越。当被问及“夺得世界冠军，有什么新的人生规划”时，李德鑫说，他想起了父亲的叮嘱：“鑫鑫，当了世界冠军，仍要戒骄戒躁，今后的路还长着哩！”

“是啊，今后的路还长着呢。”李德鑫说。他会努力深造，继续服务于南康家具产业的发展；他会坚守岗位，致力于推进现代职业教育高质量发展；他会再接再厉，继续在世界技能舞台上传播中国文化，展现中华民族文化自信，助力提升中国文化的世界影响力。

撰稿：刘珊伊　萧森　图片提供：刘晓红　徐志威

家具制作项目团队

选手

李德鑫	江西环境工程职业学院教师

集训基地

广州市轻工技师学院
亚振家居股份有限公司
安徽展睿文化创意有限公司
江西环境工程职业学院
湖北生态工程职业技术学院

技术指导专家

刘晓红	顺德职业技术学院教授
曹永宏	亚振家居股份有限公司高级工程师
刘　谊	湖北生态工程职业技术学院教授
张付花	江西环境工程职业学院副教授

教练

刘晓红	顺德职业技术学院教授
陈　新	广州市轻工技师学院讲师
纪玉川	山东劳动职业技术学院副教授
王　斌	河南职业技术学院数字创意与设计学院副院长、副教授
徐志威	江西环境工程职业学院高级技师
吴晋卿	江苏省扬州技师学院高级实习指导教师
冯茹鸣	杭州费德福默木工工具有限公司总经理、高级工程师

翻译

王西银	山东劳动技师学院国际交流合作处副处长、副教授
周宣含	广东邮电职业技术学院教师

精雕细琢的世界冠军！

——记精细木工项目金牌获得者　邵茹鹏

2022 年 10 月 14 日，瑞士巴塞尔传来令人振奋的消息！经过 4 天赛程的激烈比拼，代表中国参赛的上海市城市科技学校（上海科创职业技术学院）教师邵茹鹏获得了 2022 年世界技能大赛特别赛精细木工项目的金牌。这既是我国在 2022 年世界技能大赛特别赛上获得的首枚金牌，也是我国在世赛舞台上获得的首个精细木工项目冠军。

“这就是世界最顶尖的水平”

倘若我们将世界技能大赛中的木工类竞赛项目想象成搭建一座木房子，那么，木工项目解决的是房屋的楼梯、外墙、屋顶、楼面板等环节的制作，精细木工项目则专门针对门、窗、楼梯和其他建筑物体的制造，而家具制作项目则是完成一件高质量的家具制作的竞赛项目。

与“精细”为伴，世界技能大赛精细木工项目对于精度的要求极其苛刻。以2019年第45届世界技能大赛精细木工项目为例，在该项目中，选手需要在4天共22个小时内运用手工工具和机械设备，使用各种形式的榫卯接头连接两个或以上的木质零部件，每一个接缝处的缝隙不得超过0.4毫米。要知道，一张A4纸的厚度为0.1毫米，0.4毫米也就是4张A4纸叠在一起的厚度。

然而，小于0.4毫米仅仅意味着选手能够在该项目中得分，若想得到满分，便要将缝隙的大小限制在0.2毫米以内。

“其实，0.4毫米的误差几乎不会对木制品的整体结构造成太大的影响，也不会影响木制品本身的使用，但这就是世界技能大赛，这就是世界最顶尖的技能水平。”上海市城市科技学校有关老师表示。

学校社团走向世界赛场

邵茹鹏是安徽省亳州市人，2018年进入上海市城市科技学校学习，一进校他便被学校的“创意木工社团”所吸引。被木工社团选中后，作为新人的邵茹鹏没有丝毫退缩与害怕，而是付出了比其他人更多的努力。

人家休息，他加紧练习，别人做一遍，他做两遍，邵茹鹏总是主动帮助教练完成辅助工作，争取每一个跟教练学习的机会。在木工社团中，邵茹鹏对有趣的、有文化传统底蕴的作品深深着迷。他将满腔

热爱化作行动，制作出了一件件让人惊喜的作品，在精细木工领域找到了人生目标和价值。

经过多次严格的考核，2019 年底，邵茹鹏通过学校木工训练基地的选拔，被录取为世界技能大赛精细木工项目集训基地的梯队选手。

正式入选后的训练严格而艰苦，尤其对于邵茹鹏这样对项目没有太多了解的新人来说，更是充满挑战。“之前没有接触过世赛赛题的加工方法和工艺，需要从零开始，跟在教练和学长后面一点点学习，很多时候都很迷茫。训练很累，进步不快，让我非常着急。”邵茹鹏说。

在那段艰苦的日子里，邵茹鹏在历练中慢慢沉下心来，他认真学习、积极主动承担任务，并时常帮助他人。学校多次组织基地选手在国内各个省市进行走训、交流与切磋，邵茹鹏去过四川、重庆、江苏、浙江等地，在学习中突破了一个又一个瓶颈。他凭借着坚定的意志和精益求精的态度，飞速成长为一名“种子选手”。

2020 年 5 月，通过不断努力，邵茹鹏在第 46 届世界技能大赛精细木工项目上海市选拔赛中获得了第一名的好成绩。2020 年 12 月，他又参加了第一届全国职业技能大赛精细木工项目竞赛，获得该项目银牌。同年，邵茹鹏还获得了“全国技术能手”称号。

精雕细琢　赢得冠军

2022 年世界技能大赛特别赛精细木工项目共有来自中国、瑞士、韩国等 16 个国家和地区的选手参赛，比赛要求根据现场提供的设备材料，完成平面和三维两个模块的作品制作。选手在 2 天内完成比赛准备，4 天 22 小时内完成作品的杆件制作、榫卯连接、拼装、打磨和装配。

在许多人的概念里，鲁班是木匠的鼻祖，中国选手在该项目上应该占有一定优势。但其实，由于世赛精细木工项目的评分标准为国际标准，且更注重考验图纸制作、高精度还原等方面的能力，中国传统木工中的创造力、艺术性等优势未能完全体现出来。

“中国传统木工所使用的榫卯是小型的、精巧的，而世赛精细木工所使用的榫卯普遍较大；中国传统木工更多的是手工制作，虽然制作时间较长，但构思中蕴含着无限的创造力，而世赛精细木工则要求在规定时间内完成，必须使用现代化的机械设备。”上海市城市科技学校副校长项国平说。

在国内顶尖专家和教练的悉心指导下，邵茹鹏经过长期的刻苦训练，不仅能够熟练加工榫卯、制作作品，同时也将传统文化与先进技能内化于心，积极转变观念，主动适应国际大赛的评分标准，精益求精，追求极致，从而确保自己在比赛的规定时间内能够又快又准又好地完成作品。

青年强则国家强，国家和民族的未来在青年。他们有理想、敢担当、能吃苦、肯奋斗，通过勤奋的双手，让青春绽放绚丽之花，为家乡争光。接下来，邵茹鹏打算继续留校任教，把自己的参赛经验传授给下一届选手，培养出更多有工匠精神的“小鲁班”。

撰稿：李蕾

精细木工项目团队

选手	
邵茹鹏	上海市城市科技学校教师
集训基地	
广州市轻工技师学院	
上海市城市科技学校	
西南民族大学	
甘肃工商技师学院	
技术指导专家	
余继宏	东华大学产品设计系主任、副教授
项国平	上海市城市科技学校副校长、高级讲师
缪晓东	南京米立方文化创意有限公司总经理
张和胜	甘肃工商技师学院设计与传媒系副主任、副教授
成振洋	广州市轻工技师学院党委书记、高级讲师
教练	
翟梓曦	广州市轻工技师学院技师
刘　斌	江苏农林职业技术学院风景园林学院木工实训基地负责人、讲师
蒋志发	上海市松江大成教育培训中心技师
陈慧敏	江苏农林职业技术学院风景园林学院木材科学教研室主任、讲师
王海东	西南民族大学建筑学院实验室主任、讲师
翻译	
罗占华	中建五局高级技工学校（长沙建筑工程学校）讲师
廖　影	广州市轻工技师学院教师

昔日“差生” 逆袭成为世界冠军

——记光电技术项目金牌获得者 李小松

2022 年 10 月，李小松跟随世界技能大赛中国代表团前往日本京都参加 2022 年世界技能大赛特别赛光电技术项目的比赛，最终经过 4 天的激烈比拼，李小松和团队为祖国夺得了光电技术项目金牌。

只要肯努力，人生处处有机会

作为技能大赛的参赛选手，李小松与技能结缘的故事要从他的童年说起。

李小松出生于江西农村的一个普通家庭，从小没有“玩具”的李小松，拆装

家中的电器就成了他童年最快乐的时光。

在2018年9月，李小松考入重庆电子工程职业学院的光电显示技术专业，在新的校园、新的环境、新的起点，李小松做好了准备，他把所有的时间都投入到专业知识的学习中，他想把落下的功课补回来。在两个学期300多个日夜里，他坚持做到课前预习、课中仔细、课后巩固，李小松的成绩从专业垫底上升到了年级前列。他的努力得到了学校的认可，李小松还因此获得了国家奖学金和国家励志奖学金、三好学生等荣誉。这些荣誉给了他更大的鼓励，他越来越热爱学习知识、钻研技术技能，这时的他与中学拿起课本就打瞌睡的李小松判若两人。用李小松的话来说："让我坚持下来的动力是我在付出后得到了回报，在尝到成功的甜头后，我更加相信，越努力越幸运。"

一次，在一位同学的介绍下，李小松报名了陈良国家级技能大师工作室下智能电子产品设计工匠工坊的面试，在工坊李小松遇到了光电技术教练组组长蔡运富老师，李小松跟蔡老师讲了他童年的特别经历和对电子技术技能抱有浓厚的热情，蔡老师发现李小松符合自己的人才选拔标准，便收下了他做徒弟。

加入工作室后，李小松的学习任务更重了，白天完成基本课程后，晚上便在工作室完成教练布置的技能训练任务，为后续的技能竞赛做准备。在蔡老师的指导与带领下，李小松参加了多项技能竞赛，包括"蓝桥杯"全国软件和信息技术专业人才大赛、"TI杯"全国大学生电子设计大赛等。李小松将每一次参赛都当作是检验自己技能水平的机会，因此他在每一次大赛中都得到了锻炼，同时也取得了不错的竞赛成绩。

一技之长，出彩人生

2019 年 12 月，经学校推荐，李小松参加了 2019 年光电技术技能国际邀请赛，并获得了第一名的成绩。

在参加完国际邀请赛后，李小松也慢慢地接触到了世界技能大赛，在学校的组织下，李小松和同学们听了第 45 届世界技能大赛冠军梁攀的励志讲座，梁攀的夺冠故事深深地影响了这位有着技能成才梦的青少年。身披国旗站上世界技能大赛的颁奖台让李小松无比神往。据李小松回忆说：“当时听完梁攀老师的讲座，他的成功让我坚信‘一技之长，改变命运’。随后便励志要向梁攀老师那样在技能训练上精益求精、追求卓越，努力走上世界技能大赛的舞台。”

在光电技术项目正式成为世界技能大赛新项目后，李小松也成功进入了第 46 届世界技能大赛重庆集训队，在教练团队的指导下，李小松在重庆市选拔赛中脱颖而出，获得了第一届全国职业技能大赛的参赛机会。

备战国赛的过程是艰辛的，国赛的参赛选手都是全国各地的优秀选手，竞赛的比拼很激烈，在赛场上失之毫厘，结果就很有可能差之千里。充分的训练备赛是必然。对于那段日子李小松记忆犹新，教练团队时常指导与陪伴他训练到深夜，有时到凌晨 2 点钟才回去休息，第二天 8 点钟又起来继续训练。为模拟赛场紧张的环境，教练有意将室内温度调高，每次训练，李小松衣服是湿了干，干了又湿。在日复一日的重复性训练中，李小松难免会产生些许厌倦心理，但李小松从未放弃。在教练团队引导下，他化压力为动力，继续刻苦训练，别人早上 9 点钟开始

训练，他就 8 点钟开始训练，别人每天 10 小时，他就争取每天多训练 2 个小时，他相信更多的付出会有更多的回报。

功夫不负有心人。最终李小松在国赛取得了第二名的成绩，成功进入了国家集训队，但是要获得世界技能大赛的入场券，就必须在最后的选拔赛中拿到第一名的成绩。李小松和教练团队总结了这次发挥失常的原因：临场应变能力较差，导致最后一个模块未能完全发挥出训练时的水平。

在找到原因后，教练团队便指导李小松开展了各种模拟赛，模拟赛场上可能发生的各种情况。在国家集训队 10 进 5 比赛中，李小松顺利地拿到了第一名的成绩。

2022 年 6 月 30 日，世界技能组织宣布举办 2022 年世界技能大赛特别赛，光电技术项目位列其中。听到这个消息，李小松十分激动，“技能成才，技能报国”这句话在他脑海里久久回荡，李小松在训练时更是铆足了劲，他的目标就是：要练好技能，为国家增光添彩。

与团队共成功

为充分利用时间，李小松开始以训练室为家，将所有的精力都专注在比赛训练上。李小松放弃了假期与周末，争分夺秒，每天训练时间超过 13 小时。后来李小松说：“光电技术项目是由我国自主发起的世界技能大赛竞赛项目，我们应该为祖国拿回好成绩。在了解到客场参赛的诸多劣势后，我也产生了巨大的压力，我很害怕自己达不到目标，害怕辜负各级领导、专家教练团队，以及每一位帮助过我的老师与同学。”带着沉重包袱比赛，比赛发挥将大打折扣。为让李小松放下心中的包袱，学校为他安排了心理专家进行疏导，最终在心理专家的一步一步引导下，李小松逐渐放下了包袱。

到了冲刺集训阶段，困难却层出不穷，李小松和团队面临时间紧、任务重，工具、耗材改变大，优势模块被取消等困难。李小松后来谈到，他要特别感谢光电技术项目专家组组长周渝曦老师。为克服赛前各种不利因素，周老师调动了所有的资源，想尽了各种办法为他创造有利的外部比赛环境。在训练上，周老师把计划精确到了每天每小时，拟定细化了每一个模块的完成方案，手把手纠正李小松每一个作业动作，优化过程中的每一个细节，每次完成训练内容后，周老师都与李小松一块复盘训练过程，做好总结记录。每次训练或模拟赛开始前，周老师又与李小松一同回忆技能关键点和易出错的地方。同时，整个教练团队也安排好李小松生活上的每一个细节，让李小松能心无旁骛，全身心投入训练。教练们还经常与他聊天，谈学习，谈训练，谈生活，为他作赛前的心理解压。为了节省训练时间，李小松也以基地为家，把床搬到了基地，训练安排也从早上 8 点排到晚上 12 点，时常李小松已睡下，专家和教练们还在赶往家中的路上。这一段师徒同行、披荆斩棘、奋力拼争的日子，令李小松永生难忘。

2022 年 10 月 11 日李小松和团队抵达参赛地——日本京都，在入住酒店后，为保持技能手感，在专家与教练的指导下李小松在狭小的房间搭建了简易的基础技能训练环境。

在面对赛前设备光环境发生临场变化的问题，专家组长向主办方沟通无果后，便第一时间联系了国内集训基地的技术支撑团队，他们连夜为比赛前线的李小松测试并验证重要基础数据，为李小松应对比赛现场突发情况奠定了重要基础。

在比赛第一个模块中，李小松遇到了比赛时间缩减、题量增加的情况，这让李小松一下子紧张了起来，但他回想起赛前，团队对比赛难度做了预估，李小松和团队投入了大量时间和资源在这个模块，在训练阶段李小松就对这个模块进行了极限式的训练，想到这里，李小松进行了几次深呼吸，开始自我调节，然后快速地进入了比赛状态，争分夺秒，专注于技能任务本身。最终这个模块完成得非常成功，在比赛赛场上只有李小松一人完成了所有内容，在第一个模块就拉开了分数差距，取得完美的开局；在比最后一个仿真模块时，赛题也临时增加许多技能点，而且建模错误有可能得零分，李小松也顶住了压力，稳定发挥，最终拿到冠军。

三年来李小松的团队始终陪伴与指导他参赛与训练。团队“稳、精、效”的办事效率和解决困难的能力让他在技能训练时得以事半功倍。在国家集训队的时候，所有选手都有自己的优势模块，有自己的技巧方法，选手之间常常相互探讨技术难题，互相请教，互相帮助，共同进步。李小松的老师、朋友也在他背后

默默地给了他很大的支持，长期以来这些都是李小松一直坚持下去的重要力量源泉。

海阔凭鱼跃，天高任鸟飞。李小松这位电工“小匠”开启了他技能成才、成才报国的“开挂”人生。他以自己的匠心，经历了 400 多个昼夜的“魔鬼训练”，苦练出了惊艳世界的本领，见证了奋斗的青春，增添了前行的底气。

撰稿：邹佳雯　图片提供：岳林炜

光电技术项目团队

选手

李小松	重庆电子工程职业学院学生

集训基地

重庆电子工程职业学院
仪征技师学院
山东省城市服务技师学院
衡阳技师学院
深圳信息职业技术学院
吉林省理工技师学院

技术指导专家

周渝曦	重庆电子工程职业学院高级工程师
陈　良	重庆电子工程职业学院教授
李世国	深圳信息职业技术学院教授

教练

蔡运富	重庆电子工程职业学院讲师
景玉荣	仪征技师学院高级讲师
肇心刚	山东省城市服务技师学院讲师
胡向东	云南省玉溪技师学院正高级讲师
周　威	荆州理工职业学院副教授
沈晓霞	深圳信息职业技术学院副教授
许　磊	重庆电子技师学院教授

技术竞赛经理

马艳红	深圳信息职业技术学院教师

翻译

张彩华	广东省机械技师学院教师
屈丹丹	成都市机械高级技工学校助理讲师

1 770 天　他登上了金牌领奖台

——记印刷媒体技术项目金牌获得者　顾俊杰

进入瑞士阿劳的比赛会场，顾俊杰闻到了熟悉的油墨味道，“像是镇静剂，一下子宁静下来。又像是起爆剂，一下子燃起来了。”

3 天，21 个小时，21 项工作，一台马力全开的印刷机就像是一条环环相扣的链条，容不得半点差池。瑞士当地时间 2022 年 10 月 14 日晚 8 时许，作为全场最后一位完赛的选手，顾俊杰稳定发挥到了最后一秒。10 月 16 日，他获得 2022 年世界技能大赛特别赛印刷媒体技术项目金牌。

而对顾俊杰来说，从 2017 年 12 月 11 日首次备战世界技能大赛，到登上比赛的最高领奖台，他走过了 1 770 天。

最后一个完赛的金牌获得者

顾俊杰参与的是印刷媒体技术项目，相较其他世界技能大赛的项目而言，有工位多、内容杂、考核面广的特点。

“从动手到动脑到动机器，从传统技艺到现代印刷到工作统筹。”顾俊杰说，“在本次的正式比赛中，考核了胶印、数字印刷、附加任务三大模块，三个模块各有各的难点。”

为此，专家团队准备了海量的题库，顾俊杰进行了大量的练习，从会做到做精，再到操作质量和速度的同步提升。也是这大量的训练给了顾俊杰足够的底气和实力，站到云集了世界顶级选手的竞技舞台。

高手过招，比的是技能，也是心态。比赛的最后一天中段，因为手头的机器和日常操练的设备手感有差异，顾俊杰碰到了颜色一时调得过深的状况，为此他捏了一把汗。而此时，他也只能放平心态，一点点把色彩“救回来”。不止如此，顾俊杰被排到最后一天最后一个进入“胶印”工位操作，这是公认难度高、占分多的工作，他还偏巧碰上评审老师吃晚饭的饭点。不得已，顾俊杰在休息室“枯坐”了2个小时，期间不得使用通讯设备、不得与人沟通。由于担心饭后大脑供血不足，影响肌肉动作和头脑反应，他没有去吃饭。

“一般大家可能想不到，‘等待’也是一门功夫，是我们提前训练和模拟的一个步骤。”顾俊杰笑着说，“比赛的第二天，我等待了3个小时。”到最后一个关口了，他顶住压力，一口气“摒”到了操作的开始。“成败在此一举。”手上动作一开始，他也就进入了心无旁骛的状态。当日晚上8点，顾俊杰最后一个走出了考场，心头的大石终于落下。

瑞士当地时间2022年10月16日，名次揭晓。凭借精湛的技术和高水平的发挥，顾俊杰代表中国队，首次摘下了印刷媒体技术项目的金牌。身披中国国旗，他站上了最高领奖台。

比赛背后走过的1 770天

在顾俊杰的手机备注里，首次为世界技能大赛备赛的日期要追溯到2017年

12 月 11 日，经历两届大赛的备赛，到 2022 年 10 月 16 日夺得金牌，他一共走过了 1 770 天。

2001 年，顾俊杰出生在上海，父亲是车床技术工人，这给他留下了“技术崇拜”的影子。2016 年中考，虽然成绩在班里名列头几位，但因随迁子女的身份，顾俊杰中考受限，在初中老师的推荐下选择了“3+2 中高职贯通培养”，开始结缘印刷包装技术。2021 年，顾俊杰从上海出版印刷高等专科学校毕业后，留校做实训中心的教学辅助工作。

在现在的顾俊杰看来，对于印刷技术的选择“没有错”。头一年的理论课程，就让顾俊杰对印刷术着了迷，他惊叹于这个从古代流传而来的伟大发明，如今看来里面竟仍有那么多门道值得探索。“知其然，知其所以然。”扎实的文化课功底，在潜移默化中为他后期的实践训练奠定了基础。

2017 年，为了参加印刷行业大赛，顾俊杰进入学校集训队。而后通过层层选拔，越赛越强、越战越勇，进入市队，乃至参加第 45 届世界技能大赛选拔赛。虽然当时在 7 进 3 的选拔赛中止步，但这名小将已经将眼光和对自我的要求，放到了整个世界的范围。

顾俊杰仍然记得，从 2017 年开始备赛的前两三年，是他精神压力最大的时光。海量的知识灌入，让他疲惫又无措，随压力而来的便是状态不佳，时常手冷、干不好活。“但我爸妈一直相信我、鼓励我，告诉我不必有任何后顾之忧。”技术没有捷径，靠着强大的信念和海量的训练，顾俊杰逐渐走过了最难的时光。

事实上，每一位选手终其一生只能参加一次世界技能大赛，这也意味着每一位竞争的对手都不可预测，能做的只有在自己的领域发挥到最好。对顾俊杰而言，用手是能平整流畅地把一张纸送入机器，用眼

是能配合放大镜辨别色彩的细微区别，用脑更是要记忆、规划、计算、运用多个软件、多台设备，更毋论要熟识形形色色的油墨、纸张、印刷品等的特性。

印刷媒体技术项目的专家和教练团队也在各方面为顾俊杰提供了支持。除了在上海出版印刷高等专科学校进行训练，顾俊杰还曾前往国家队在福建、江西等地的辅训基地，以积累相似机器在不同经纬度、气候、环境下的使用经验和手感。“像开车，虽然开车的技术都会，但不同的车开起来感觉还是不一样。”这些前期的训练，帮助顾俊杰在世界技能大赛的赛场，和各种机器实现了快速“磨合”。

顾俊杰获得 2022 年世界技能大赛特别赛的最终出战资格，是在 2022 年 7 月底至 8 月初才确定的，相较往届选手而言，备赛要更仓促一些。但顾俊杰并不为此担忧，他把自己一个人关在上海出版印刷高等专科学校的实训基地，整整三个月，每天按照教练的远程指导，进行技能、英语和体能方面的训练——顾俊杰解释，21 小时的完赛，对人的体力和心态都有极大的考验，这 3 个月的训练，让他提升良多。

而在正式比赛的背后，来自校内外的专家团队也克服时差，随时跟进，陪着他打磨技术和战术。在正式比赛的前一天，选手有一天的“设备熟悉日”，顾俊杰发现，大幅面的喷绘机器的机型不在预料中。他和同去的翻译和一位专家沟通后，快速将情况汇报给了后方专家团队，团队连夜在国内寻找相关品牌的说明书等资料，帮助他尽快熟悉机器。

“看起来是我参加比赛获得金牌，其实是整个团队的荣誉。”顾俊杰一再强调。

虽然已得金牌，但顾俊杰的学习之路并没有结束。顾俊杰认为，一则是日新月异的技术，二则是领域不同分支上有丰富经验的前辈们，都等待着他去探究和学习。而在行业内由技能使用者变为科创者，也是他的前进之路。

“在我看来，世界技能大赛不仅是一个技能比赛，它也是一个宣传技能的平台。国家需要更多的大国工匠、能工巧匠。希望有更多的青年人加入技能人才队伍，扎实地为国家做出一点自己的贡献。”顾俊杰说。

撰稿：邹佳雯

印刷媒体技术项目团队

选手

顾俊杰	上海出版印刷高等专科学校学生

集训基地

上海出版印刷高等专科学校
漳州理工职业学院
江西省印刷高级技工学校
河南经济贸易技师学院

技术指导专家

李不言	上海出版印刷高等专科学校实训中心副主任、高级工程师
薛　克	上海出版印刷高等专科学校印刷实训中心主任、高级技师
郭　明	中国印刷技术协会副秘书长、高级工程师
刘　阳	海德堡印刷设备（上海）有限公司高级讲师
孙　虹	海德堡印刷设备（北京）有限公司上海静安分公司服务部经理、高级工程师

教练

薛　克	上海出版印刷高等专科学校印刷实训中心主任、高级技师
王东东	上海出版印刷高等专科学校印刷实训中心教师、高级技师
管雯珺	上海出版印刷高等专科学校印刷实训中心副主任、工程师
张在杰	漳州理工职业学院技师
朱修泉	江西省传媒高级技工学校技师
杨慧芳	河南经贸技师学院技师

翻译

岳颖琳	航空工业昌河飞机工业（集团）有限责任公司高级工程师
王一青	上海出版印刷高等专科学校讲师

“艺”心向党 匠心守艺

——记时装技术项目金牌获得者 董青

2022 年 10 月 24 日晚，在芬兰首都赫尔辛基，董青以“马术装”为主题的时装设计，以压倒性的成绩获得 2022 年世界技能大赛特别赛时装技术项目金牌，实现我国在世界技能大赛时装技术项目上的“三连冠”。

匠心守艺

董青读小学和初中时，每逢寒暑假就来到广东随妈妈在服装车间玩耍。“看着一块块鲜艳的布料，通过妈妈和阿姨们的手，变成了各式各样漂亮的衣服，我

觉得非常了不起。”从此，董青就与服装设计结下了不解之缘。

2017 年 9 月，董青毅然放弃了可以破格进入本科院校的机会，继续在湖南工艺美术职业学院进行深造。“既然选择好了接下来要走的路，那就沿着这条路一直往前走，我们会一直在你身后。”临行时，爸爸的话时刻萦绕在她的耳边。大一，董青就锋芒已显，通过自身能力，拿到了第 45 届世界技能大赛时装技术项目入场券。

“我是董青，我能行”，董青时刻用这句话激励自己，苦修服装制作技能，努力备战世界技能大赛。

“艺”心向党

通过各级各类比赛，董青看见了更大的世界，更大的舞台。“学好一技之长，奋斗点亮青春。”董青暗下决心，刻苦修炼技能。

2022 年 7 月，在接到了准备 2022 年世界技能大赛特别赛的比赛任务后，董

青对标世赛要求进行刻苦训练。从款式设计、立体造型，到平面打板、排版排料、服装制作，日复一日，乏味的训练并没有让董青停下脚步，即使拿剪刀的手“磨成茧，茧复磨平，又磨成茧”，每天，人们总能在学校实训室看到她忙碌的身影。

2022 年 8 月 26 日，为了更好备战，董青来到北京国家集训基地，开始了更加严格的训练。“训练的过程虽然艰苦，但是每天都过得很充实。每天训练时间里至少有 8 个小时是站着的，尽管很累，但是完全不觉得烦躁，而且还很享受这个过程。”董青回忆说。

从湖南到北京，再从北京到芬兰，闲暇时刻，董青思念着远方的亲友与老师。董青说：“每次想到身后有老师为我守望，有亲人朋友为我加油，我就充满了力量。能够专心地做自己喜欢的事的同时，还能够为国争光，非常值得！”

青春无悔

2022 年 11 月 21 日—24 日，2022 年世界技能大赛特别赛时装技术项目在芬兰赫尔辛基举行，来自 20 个国家和地区的选手们相聚于此，进行长达 4 天，总时长 18 小时的时装技术技能竞技。此次比赛，共设 4 个考核模块，要求选手在规定时间内依据现场提供的材料和设备，按照比赛要求，严谨、细致地完成工作任务，全面考核选手在设计、制版、剪裁、服装制作等方面的综合能力。

比赛在开放空间举行，各种声音交杂，董青最开始还有些不适应。“静下来，沉浸到比赛中。”此时，董青想起教练的叮嘱，平静心态，高质量地完成了误差不超过 0.2 毫米的制版工作。

接下来，在长达 12 个小时的成衣制作模块中，董青根据要求，围绕“马术服”的主题设计一件服装，并在现场提取设计元素，完成从制样、立裁、裁剪到制作成衣的过程。最终，董青经受住了技术、体力和压力的多重考验，一路过关斩将，夺得冠军。

“非常感谢一直陪伴着我的父母，非常感谢学院领导一直以来的支持，非常感谢所有专家教练老师们给予我的帮助和指导，感谢一直鼓励我的同事和小伙伴们，不负大家所望，得到了一份满意的答卷。在今后，我将把自己参加世赛的经历和学到的技术技能毫无保留地传授给我的学生，培养出全面综合的选手和更多大国工匠。”董青说。

入党积极分子董青老师的责任担当，正是“‘艺’心向党，匠心守艺”的真实写照。

来源：新湖南网

时装技术项目团队

选手

董　青	湖南工艺美术职业学院教师

集训基地

北京市工贸技师学院
常熟服装城集团有限公司
泉州轻工职业学院
河南工业技师学院
广州市白云工商技师学院
重庆工贸技师学院

技术指导专家

李　宁	中央美术学院副教授
金　丽	北京金典今服装中心高级技师
夏景杰	衣加（北京）服装文化传播有限公司技师
王文娟	北京工业大学艺术设计学院服装与服饰设计系支部书记、教授
杨　郁	北京市工贸技师学院服装系主任、正高级实习指导教师

教练

徐　斌	北京市工贸技师学院正高级实习指导教师
江少容	广州市白云工商技师学院服装系主任、讲师、高级技师
马小锋	重庆工贸高级技工学校经贸系主任、高级讲师
胡　萍	北京市工贸技师学院高级讲师
王宏然	北京市工贸技师学院高级技师

翻译

刘嫣然	山东劳动技师学院教师
武　桐	北京市工贸技师学院教师

慧心巧手 美丽人生

——记美容项目金牌获得者 王珮

2022 年 10 月 24 日，在芬兰首都赫尔辛基 2022 年世界技能大赛特别赛美容项目的颁奖仪式上，23 岁的重庆妹子王珮站在世界冠军的领奖台上，这是自 2016 年世界技能大赛美容项目中国集训基地建立以来的首金，打破了这一项目长期被欧美选手垄断的局面。

“以技能报国，是我的梦想，如今我终于做到了。”紧握金牌，看着国旗冉冉升起，王珮已是热泪盈眶。

这枚奖牌的背后，不仅是王珮和其团队的荣耀，也是新一代中国青年精益求

精的工匠精神和闪耀世界的风采。

处惊不变的魄力　一双手套、一张床单控住全场

也许大家都知道足球、篮球等体育项目的比赛规则，但并不了解世界技能大赛的美容项目是如何比赛的。

王珮介绍，世赛的美容项目分为高级皮肤护理、身体护理、脱毛、彩绘指甲艺术、化妆、睫毛延长、手足护理 7 个板块。因为美容的项目很多，所以比赛并不会考核单一的项目，而是将一些项目进行随机组合，考官会在赛前三天公布项目内容。比赛进行期间，每天的分数会累积，以总分进行排名，最终决出冠亚季军。

“每天我们都比赛五个小时！”王珮说，但对体力的要求还不是最难的。

在开赛前，王珮就知道现场的工具少，但当她以中国选手的身份，站在自己的“赛道”上，准备开始给模特做体膜项目时，操作台上仅有一双手套，还是让身经百战的她一下懵了。

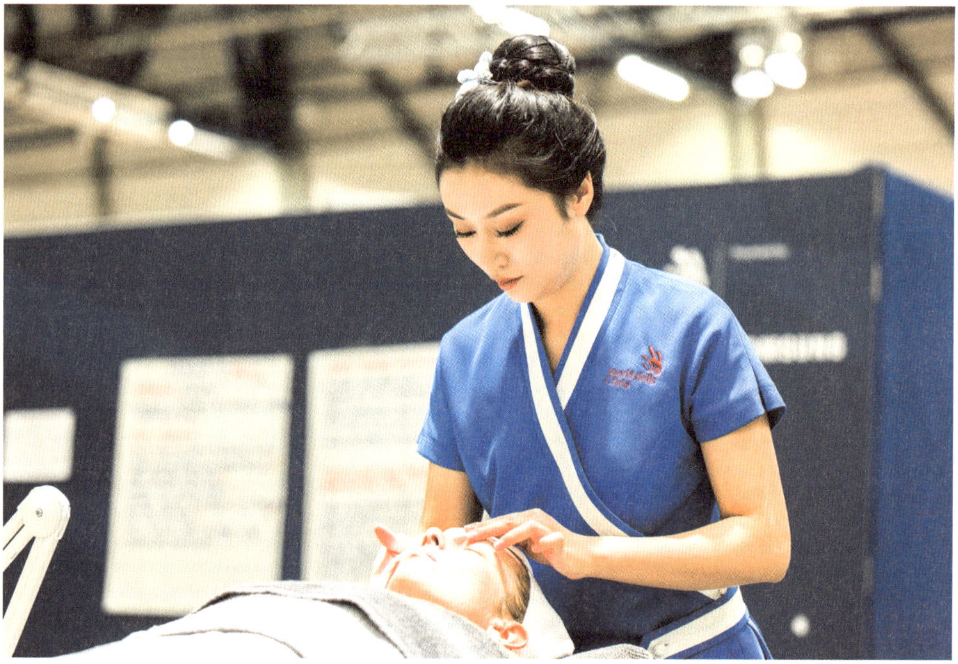

“平时我练习给模特洁面，一整套流程要十多张洁面纸，而在当时，我得用一双手套控住全场，心里的确是慌的。”回顾比赛现场，王珮依然心有余悸。

迅速让自己镇定下来后，王珮开始在脑中飞速规划每个步骤，尽量减少污染手套的概率。“比如，我会用刮板先把模特脸上的面膜刮掉，再用手套清洗，这样就可以避免直接清洗让手套变黄。”

但这不是唯一的挑战。在工具不足的“下马威”后，她又发现操作台上仅有两块纱布，无法满足做三个部位的要求。

怎么办？王珮四处观察，敏锐地发现模特做美容的床上都铺着床单，而这种床单也有微孔，材质和纱布类似，正好可以让激活体膜的试剂从微孔中渗透下去。于是她灵机一动，就将床单剪了一段下来，覆盖在模特的腿部，最后成功完成了整个项目，裁判也没有因此扣分。

开赛前三天，王珮才会拿到每个项目的检查点。如果有一个记错导致没有举手示意裁判检查，就意味着这一步没有分。

“整场比赛每个项目都分布着检查点。”王珮说，三天记完所有检查点还不出错，的确是个挑战。为确保万无一失，她每做完一步，都会示意检查，这场世赛，她是一步一个脚印扎扎实实走完的。

惊艳世界的手法　自创中式推拿诠释东方美学

回顾整场比赛，让裁判都为之惊叹的，是王珮展示的一段中医基础自创按摩手法。

那是王珮在第三天比赛中的一次高光时刻。

第三天的比赛模块是运动按摩，为 2022 年世界技能大赛特别赛美容项目的新增模块，也是新的评分点。选手们在备赛前从未接触也从未训练。

王珮在赛场上以指点穴、以掌推脉、以肘揉经。一套动作轻重适宜，行云流水。纤纤指尖仿佛优雅的舞者，在模特的背部腾挪跌宕，举手投足，如诗如画。让赛场上的评委们都不禁低语探讨，为之惊艳。

操作结束后，赛事的首席专家径直向王珮走来，希望能和她拍照留念。其中一位裁判还转头给王珮的教练比出了大拇指。最后，所有的裁判都给她的表现打

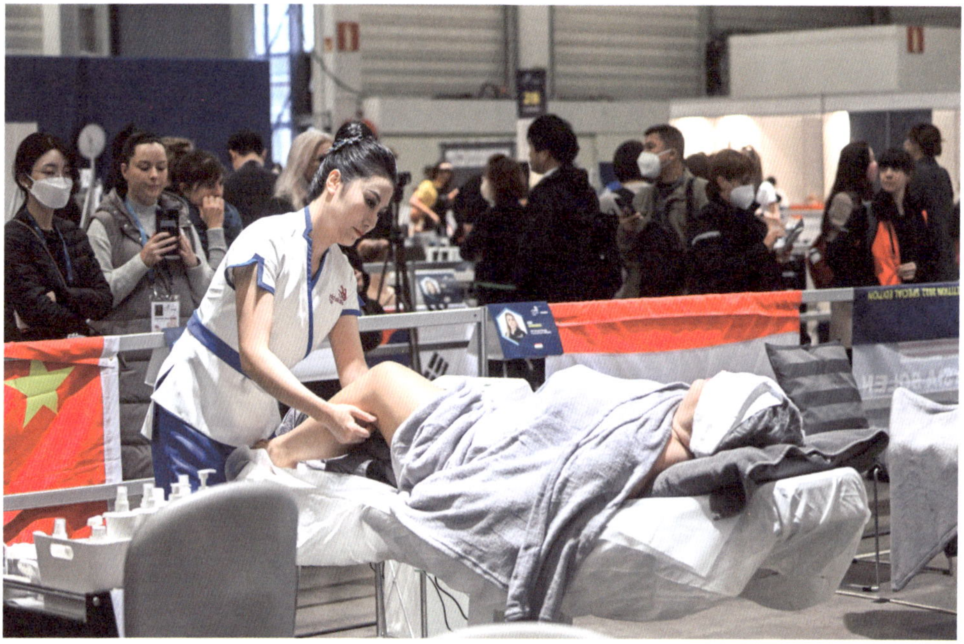

出了最高等级的评分。

“这是在学院的安排下，向北京知名中医专家学习后，结合项目要求融会贯通自创的一组手法。”王珮说：“我认为，美容也要追求美，要‘因人制宜’。能让美的能量，在人体里流动起来，让人焕然一新。”王珮说，“只有做到这一点，才能被称之为‘匠’。”

脚踏实地地拼搏　会撸铁的美容师

如果临场应变能力和对美的追求是王珮技高一筹的决定性因素。那么，在赛前的拼命备战则是她夺冠的基础。

回顾大半年的备战历程，英语和体能是横亘在王珮面前的两道坎。

“尤其是运动按摩，教练们担心比赛现场的模特会是一位肌肉发达的男士，所以在我第一次做手法时，他们就为我找了一位比较健壮的模特。”那天仅这一个项目就把王珮累得手都抬不起来，而真正的比赛却要每天站立五六个小时。

怎么办？王珮开始给自己加练体能。没有健身条件，她就去找砖头来锻炼臂力。赛前，王珮的体能终于可以支撑她又好又快地完成赛事。

王珮的另外一道坎是英语。为了备战人生中第一场国际赛事，从 2022 年初，她就开始投身到专业英语的学习中。上厕所、走路、吃饭……，她都会默背句子和单词。努力换来了回报，在比赛中她实现了用英文和裁判沟通。

“王珮，我们是冠军！”

2022 年 10 月 24 日清晨，王珮在得知成绩后与指导老师抱头痛哭，这是拼搏之后苦尽甘来的狂喜。

手捧奖杯，身披国旗，王珮笑得坦然，她说：“我感谢当初的自己，坚持走上了这条路。”

情同骨肉的师徒　母亲般的老师和女儿般的徒弟

2017 年，王珮带着“美容随便找个地方都可以学”的想法，托着行李箱走进了重庆城市管理职业学院，也遇到了改变她命运的老师——王芃。

“她是我的人生导师，没有她就没有我的今天。”王珮说。

2021 年的那个夜晚，王珮的母亲过世了，王芃老师驱车赶到学校，提出要把她送回几百公里外的奉节老家。训练时，她没有时间买日用品，王芃就替她出去买。备赛期间，她吃不惯外地的伙食，王芃就做红烧肉给她改善。

生活上温暖的王老师在专业上却十分严厉，王老师告诫王珮，技能成才之路很苦，如果吃不下入门的苦，未来的日子就更艰难。

老师把学生当作儿女，学生将老师视作母亲，正是这样的师生关系，铸就了王珮今天的成绩。

“王老师说：‘择一行、爱一行、忠一行、精一行’，我记住了，也会永远为之奋斗下去。”如今，王珮也成为一名教师，在她看来这也是一种传承。

对王珮来说，这个冠军也只是开始。“如今，我已带上过桂冠，那就再也别低头。”王珮笑得自信而坚毅，这个重庆姑娘已经看见了满是挑战的未来，身披国旗的她，不畏惧任何挑战。

来源：华龙网　图片提供：卡勒·帕尔基宁

美容项目团队

选手

王　珮	重庆城市管理职业学院教师

集训基地

重庆城市管理职业学院
南京集红堂职业培训学校
山东省城市服务技师学院
武汉海峡萧氏美容发展有限公司
广东省轻工业技师学院

技术指导专家

王　芃	重庆市蒙妮坦时尚职业培训学校校长、高级技师
郭秋彤	北京前沿华彩文化发展有限公司艺术总监、技师
顾炜恩	江苏省南京市鼓楼区指间蜜语玉指美甲中心技术总监、高级技师
郑建勋	广东省广州市旖旎职业培训学校校长、培训总监
李真芹	重庆城市管理职业学院高级技师

教练

王　芃	重庆市蒙妮坦时尚职业培训学校校长、高级技师
郭秋彤	北京前沿华彩文化发展有限公司艺术总监、技师
顾炜恩	江苏省南京市鼓楼区指间蜜语玉指美甲中心技术总监、高级技师
郑建勋	广东省广州市旖旎职业培训学校校长、培训总监
李真芹	重庆城市管理职业学院教师、高级技师
刘嘉嘉	重庆城市管理职业学院高级技师
唐春梅	重庆贝拉化妆品有限公司培训总监

宋钰琼	武汉海峡萧氏美容发展有限公司培训总监、高级技师
杨　韵	上海华安美容美发有限公司培训总监、高级技师
姚　姝	南京集红堂职业培训学校校长、高级技师

翻译

夏洁妮	杭州技师学院讲师
杨　欣	重庆城市管理职业学院讲师

worldskills

第二篇　银牌

坚持不懈　未来可期

——记增材制造项目银牌获得者　林伟桐

2022年世界技能大赛特别赛增材制造项目于10月13日—16日在德国索斯特举行。该项目是本届比赛新增项目，经过4天激烈角逐，中国选手林伟桐获得银牌。

出生于广东揭阳农村的林伟桐，受到父辈的影响，认为一定要有一技之长，人生才能立于不败之地。2015年，在亲戚朋友的推荐下，他进入了广东省机械技师学院学习模具设计。经过学校的选拔，他进入了竞赛班学习增材制造技术。

“之所以选择学习这项技术，因为它是一个新技术新专业，让我充满了期

望。”林伟桐认为，选择学习技能，就如同给空白的数字模型逐层添加材料，慢慢把自己打造成有用之才。

天道酬勤，提升技能没有捷径

林伟桐得知自己的教练们都是曾代表中国参加世界技能大赛的获奖选手后，他不由地心生向往，技能报国的想法开始在他心里生根发芽。

提升专业技能没有捷径，唯有投入更多时间学习和训练。为了实现技能报国的梦想，林伟桐进入了几乎没有假期的状态，夜以继日地钻研、训练。由于增材制造是新项目，没有样题，教练设计好题目后要先验证题目是否合理，验证后再正式进行训练。为了能钻研得更深、积累更多经验，并围绕短板有针对性地开展训练，林伟桐和教练团队除了睡觉吃饭，其他时间都在训练，充分展现了“特别能战斗、特别能吃苦、特别能奉献”的精神。

天道酬勤，林伟桐的技能水平经过大量训练后得到了显著提升。2020 年，

林伟桐荣获第一届全国技能大赛世赛选拔赛增材制造项目金牌，并先后荣获“广东省技术能手”和“全国技术能手”荣誉称号。通过国家集训队选拔，林伟桐最终有幸获得了世赛入场券，代表中国参加 2022 年世界技能大赛特别赛增材制造项目。

“增材制造具有个性化生产的特点，对于产品的设计要求很高，学好这项技能，不仅要掌握相关理论知识和精通生产工艺，而且还要结合客户需求。”林伟桐说，“学校的实训设备丰富，师资力量强大，除了学校的老师和教练，与学院合作企业的专家和工程师也给我们提供了帮助。”

再接再厉，继续创造更多可能

“这次特别赛对我来说，是一次经历，一次学习，一次历练，代表国家参加这次比赛，我感到十分幸运与自豪。”林伟桐说，对于未来，林伟桐表示，将不负众望、再接再厉，为自己的人生继续创造更多可能，以自己所学回报祖国，全力以赴，为社会做出更大贡献。

来源：广东省机械技师学院

增材制造项目团队

选手

林伟桐	广东省机械技师学院学生

集训基地

江苏省盐城技师学院
吉林职业技师学院
东营市技师学院
广东省机械技师学院
西安增材制造国家研究院有限公司
武汉职业技术学院

技术指导专家

陈　娟	马鞍山技师学院机械工程系主任、正高级讲师
张瑜胜	太原市交通学校高级讲师
薄向东	唐山工业职业技术学院副教授、高级技师
于清晓	上海联泰科技股份有限公司高级工程师
姚小强	江苏省盐城技师学院智能制造学院院长、正高级讲师

教练

王梁华	杭州萧山技师学院一级实习指导教师、高级技师
李旭鹏	北京易博三维科技有限公司技术总监、工程师
张　延	黄河水利职业技术学院副院长、教授
王文景	江苏省盐城技师学院讲师、技师

翻译

田　坤	铁岭技师学院（辽宁工程职业学院）工程师
卫志强	马鞍山技师学院教师

技能筑梦　不负韶华

——记信息网络布线项目银牌获得者　张洪豪

2022 年世界技能大赛特别赛日本赛区现场，灯火通明，人头攒动。经历 4 天的激烈角逐，比赛终于落下帷幕，来自天津市电子信息技师学院的教师张洪豪克服种种困难，顶住压力摘得了信息网络布线项目的银牌。

参加世界技能大赛，张洪豪深深认识到，只要付出努力，就一定能够得到回报。想要成功，就必须有足够的耐心和解决问题的决心，不管多苦多累，不管遇到什么困难，都不能退缩，不能放弃，这个信念会支撑他一生。

筚路蓝缕 寻梦追梦

当年张洪豪没能考上重点高中，面对继续接受学历教育还是技工教育的选择时，张洪豪表示自己从小就爱动手，也希望能学一门专业技能，于是他选择了学习职业技能，为自己今后的人生道路做好铺垫。

2016 年 4 月，一次偶然的机会，让张洪豪接触到了信息网络布线项目，带着对信息技术的好奇心和对竞技比赛的好胜心，张洪豪立刻就喜欢上了这个技能竞赛项目。技能报国、工匠精神、奥林匹克精神、拼搏精神，无时无刻不在打动着、激励着他。当时竞争异常激烈，为了从众多师兄弟中脱颖而出，张洪豪在训练时不断总结出现的问题，并且想尽各种方法去优化解决，他还利用空闲时间充实自己的专业知识。经过 3 年的不懈努力，2019 年他代表天津市电子信息技师学院参加了第 46 届世界技能大赛信息网络布线项目天津市选拔赛，获得第一名的好成绩，并代表天津市参加第一届全国职业技能大赛。经过一年的磨炼，在 2020 年 12 月的第一届全国职业技能大赛中，经过为期三天的竞赛，面对来自全国各地的选手，张洪豪精心雕琢，奋勇拼搏，成功夺得第一名，拿下了这块含金量十足的金牌，并顺利进入国家集训队。

能入选国家集训队，可以说是加入了该比赛项目的第一梯队。刚开始在国家队训练时，他还是沿用之前的训练方法，后来发现训练效率太低，经过专家的悉心指导，他开始进行数据化科学训练，每

天监测自己训练的时长、分析每组训练的数据、寻找可突破的技术瓶颈，记录每次做题的完成情况、所暴露出的问题、得分率等信息，并通过目标训练法、压力训练法、应变训练法，减少无效、低效率训练，挤掉休闲时间，管理休息时间，加大训练时间，不断重复训练、不断精进。在随后的国家集训队阶段性考核中，他又以第一名的优异成绩获得了代表中国参加世界技能大赛的资格。

在2022年世界技能大赛特别赛上，张洪豪将一枚银牌收入囊中，他说："一个人的力量是微不足道的，正因为有很多人无私的奉献和鼓舞，才让他有能力、有信心踏上世界赛场与各国选手同台竞技、切磋技艺，向全世界展现中国高技能人才的精湛技艺和良好风貌。"

来源：天津市电子信息技师学院

信息网络布线项目团队

选手

张洪豪	天津市电子信息技师学院教师

集训基地

天津市电子信息技师学院
邢台技师学院
兴安盟高级技工学校
无锡技师学院
云南技师学院
安徽金寨技师学院

技术指导专家

卢　勤	天津市电子信息技师学院教授
杨　阳	天津电子信息职业技术学院计算机与软件技术系副主任、教授
徐　鹏	天津市电子信息技师学院电子信息工程系主任、高级讲师
梁嘉伟	中山市技师学院高级实习指导教师
杨怡滨	广东省轻工业技师学院高级讲师

教练

杨　阳	天津电子信息职业技术学院计算机与软件技术系副主任、教授
韦国发	天津市电子信息技师学院高级工程师
彭雪海	上海电子信息职业技术学院工程师
费　涨	无锡技师学院高级讲师
兰鹏富	兴安盟高级技工学校科长、高级讲师

翻译

曾慧姮	广州市工贸技师学院教师
李晓洁	藤仓（中国）有限公司总监助理

日积跬步至千里　咬定青山不放松

——记美发项目银牌获得者　沈文青

沈文青来自安徽宣城的一个农村家庭，2014 年初中毕业后，跟随务工的父母来到了杭州。妈妈说：“女孩子选择美容专业好，可以学会如何保养皮肤，变美，又不会太辛苦。”于是，15 岁的她便填报了杭州市创意艺术学校美容专业。

初识世赛　感恩恩师

2014 年 11 月，学校举办了一次全校性质的技能选拔赛，每班两名学生参加，在班主任的推荐下，沈文青机缘巧合地参加了美发项目选拔赛的集训。当时她的心情很复杂，因为她就读的是美容专业，她对美发专业并没有深入的了解，与此同时选拔赛报名的都是美发专业的师哥师姐，对自己能否通过淘汰赛的选拔，她没有信心。但她对待事情一直抱着咬定青山不放松的心态，不论结局如何她都会尽自己最大的努力去完成。于是她积极完成老师每天布置的任务，向师哥师姐们学习。在集训期间，备战“第 43 届世界技能大赛美发项目”国家队的 5 强选手来到学校给她们做展示。她第一次感受到发型也可以做得如此有艺术感和时尚感。那时的她好像第一次推开了美发世界的大门，而美发项目国家队专家组组长吉正龙老师正是她推开美发这扇大门后的领路人。第一次与吉正龙老师近距离接触，她便萌发了一个想法：她希望成为吉老师的学生，跟着吉老师学技术，参加全国选拔赛。在那之后她就朝着这个目标不断地努力。

“功夫不负有心人”，学校选拔了三名选手来到吉正龙老师的大师工作室训练，沈文青非常幸运地入选了。她非常感恩吉老师将她选入队伍，也对未来充满了期待。成功总是充满了辛酸和汗水，她的成功也不例外。她每天都要进行 2 000 米跑步体能训练，1 小时基本功练习，2~3 个模块的常规训练任务，每个模块的操作时间一般是 2 小时 30 分钟。在吉正龙大师工作室训练了一段时间后，她发现自己不仅从吉正龙大师身上学到了美发技术，还学会了如何处理人际关系，提高了遇事解决问

题的能力，这让她在各个层面上都受益匪浅。

水滴石穿　厚积薄发

2015年，沈文青第一次走出校门参赛，参加第39届亚洲发型化妆大赛，比赛中，她感受到在平常训练的时候老师对自己的高标准、严要求是多么的重要。平时训练中培养出来的良好习惯保证了在正式比赛时不出差错，让她们有良好的心态去面对比赛，不怯场、不出错，正常发挥出自己的水平。沈文青在第39届亚洲发型化妆大赛中获得"女士时尚潮流修剪"项目冠军。在此次大赛之后她更加理解吉老师对自己的关心，尽自己所能去完成吉老师布置的任务。

2016—2019年她先后参加了第44届和第45届世界技能大赛美发项目选拔赛。经过多轮比拼，获得了全国选拔赛第5名和第2名的好成绩，比赛前十名的选手可以进入全国集训队，再层层选拔后，最后1人代表国家出征世界技能大赛，竞争异常激烈。

"台上目中无人，台下谦虚谨慎""一辈子做好一件事""多练、精准、细致、完美、心态、坚持"。这是老师经常和她说的几句金言，在比赛和训练过程中她经常拿来提醒自己。在几年时间里，老师给予她的不仅是技术上的提升，更有品德上的培养。"一切手工技艺，皆由口传心授。"传授手艺的同时，也传递了耐心、专注和坚持的精神。

世赛备战 一波三折

2021 年 9 月，世界技能大赛的号角又再次吹响，作为第 45 届世界技能大赛美发项目的备选选手，沈文青直接晋级国家集训队，与同期选拔的 10 名选手一起集训，在重庆进行为期两个月的第一阶段封闭式训练，2021 年 11 月 20 日顺利迎来第一轮选拔，在第一次阶段性选拔中她以第一名的好成绩，成功晋级国家队前五名。

2022 年 4 月，第 46 届世界技能大赛因故取消，美发项目五名选手各自返回本省训练，返回杭州的她仍然坚持着高强度的训练，但也一度陷入迷茫，感觉失去了目标，怀疑自己迷失了方向，直至邬迪剑老师给她进行了心理疏导，让她明白了比赛不是唯一证明自己的途径，实现自己的价值有很多的方法。老师的帮助让她重拾信心，开始加倍努力。

苦尽甘来 勇夺银牌

最终，幸运之神再次眷顾了沈文青，世界技能组织决定举办 2022 年世界技能大赛特别赛。2022 年 8 月份，在选拔参赛选手时，她作为 12 进 5 的第一名正选选手，再次进入了国家集训队，突如其来的好消息让她感到非常的兴奋和激动，让她更有动力把握好这次来之不易的机会。2022 年 10 月 14 日，她踏上了世界技能大赛特别赛的旅途，到达芬兰后，为了尽快适应比赛的节奏，进行了一星期的赛前训练。2022 年 10 月 20 日正式开赛，比赛时间为期 4 天 17 个小时，独自一人要完成 7 个模块，她凭借较强的基本功在这一模块中获得了接近满分的分数，为最后拿到 2022 年世界技能大赛特别赛美发项目银牌打下了良好的基础。

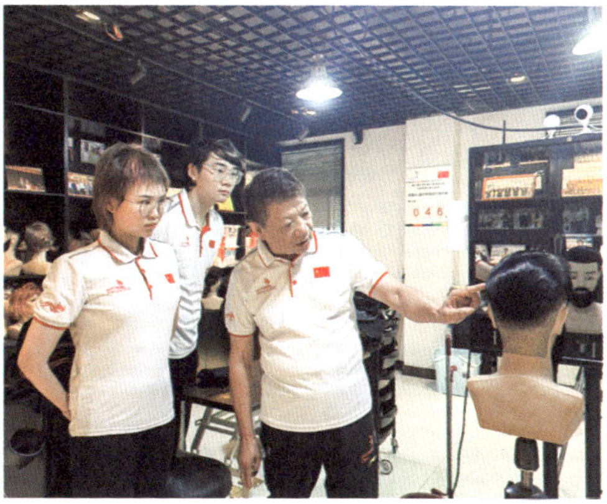

八年时间让沈文青学会了感恩，感恩国家对技能人才越来越重视，感恩学校对她的培养与支持，感恩各位老师对她的帮助。让她能够有一技之长。现在沈文青已成长为杭州轻工技师学院的一名教师，她也希望尽自身所能帮助学生提升技能和职业素养，能够做到“形象美、行为美，心灵美”，能够为实现坚持自己的理想而奋斗。

来源：杭州轻工技师学院

美发项目团队

选手

沈文青　　杭州轻工技师学院教师

集训基地

重庆五一高级技工学校（重庆五一技师学院）
北京市新媒体技师学院
杭州运河技工学校（杭州市拱墅区职业高级中学）
山东蓝翔技师学院
乌鲁木齐市特别特美容美发用品有限公司培训学校
成都高新区柏形时尚职业技能培训学校有限责任公司

技术指导专家

吉正龙　　杭州市拱墅区英美职业培训学校校长、高级技师
何先泽　　重庆五一高级技工学校（重庆五一技师学院）正高级讲师
马志伟　　成都柏形时尚职业技能培训学校有限公司校长、高级技师
李文猛　　北京新媒体技师学院高级技师
胡已雪　　江苏生活高级技工学校高级实习指导教师

教练

聂　凤　　重庆五一高级技工学校（重庆五一技师学院）正高级实习指导教师
王　芹　　杭州市拱墅区职业高级中学高级技师
石　丹　　杭州市拱墅区职业高级中学高级技师
赵　兵　　扬州市天姿美发美容管理有限公司董事长、高级技师
刘天海　　乌鲁木齐特别特美容美发用品有限公司培训学校校长、高级技师

翻译

孟　夏	深圳技师学院讲师
彭　兴	重庆五一技师学院教师

worldskills

第三篇 铜牌

奋斗是青春最好的底色

——记混凝土建筑项目铜牌获得者　张阳光、刘锦豪

当地时间 2022 年 11 月 27 日下午 4 时，2022 年世界技能大赛特别赛最后一站在奥地利落下帷幕。郑州商业技师学院教师张阳光、刘锦豪积极应战，在面对东道主奥地利队本土作战以及欧洲强队共同围攻的严峻形势下，为中国队夺得一块铜牌。

张阳光曾两次入选该项目国家集训队，有着丰富的竞赛经验，具备强大的心

理素质，在赛场上能够灵活应对各种变化，掌控全局。

刘锦豪是聪明、强壮又勤奋的好搭档，在组合中以个人超强的包容度以及精准的木模加工技能，全力配合队友完成各个模块的比赛。

两名选手互相支撑、互相鼓励，凭借扎实的基本功、默契的配合度以及敏捷的临场反应，最终代表中国再次站上世界技能大赛的领奖台！

积极奋进

张阳光是河南省鹿邑县任集乡徐集村建档立卡的贫困学生。爸爸妈妈长年在外打工，他从小跟着爷爷奶奶长大，哥哥初中毕业后，便辍学打工贴补家用了。

贫困让张阳光早早明白了生活的艰辛，他从小便立志要通过自己的努力改变自己的命运，改变家庭的命运。

2017 年秋季，村里扶贫干部了解到张阳光想学一门技术，将来为家里分忧，便推荐他到郑州商业技师学院求学。

爱好动手操作的张阳光，在诸多专业中第一眼就看中了园林建筑系的“建筑施工技术专业”，从此，他便与建筑结下了不解之缘。

自入学以来，他就给自己定下“要做就做最好，要当技能英雄”的目标。他从各方面严格要求自己，学习技能更是勤奋刻苦。在班级学习生活中，他永远是来得最早，走得最晚得那一个。

功夫不负有心人，在学院世赛雏鹰班的选拔中，他脱颖而出，成为世界技能大赛混凝土建筑项目的备赛选手，踏上了成就个人梦想的技能之路。

卧薪尝胆

在 2018 年秋季新生开学典礼上，刘锦豪第一次听到了张阳光的事迹报告，他像寻找到人生崭新大门的钥匙一样重拾希望。他内心的小火苗也燃烧起来，暗自下定决心，“我也要做像张阳光一样厉害的人。”

开学的第一个月，世赛教练向同学们讲解了世界技能大赛选手选拔的要求和时间，刘锦豪听到自己有机会进入到选手训练营中，异常兴奋。

课堂上，他认真听课，课后认真完成各项作业，受到了老师们的一致好评。刘锦豪经常向老师们请教，要具备哪些素质才能成为像张阳光那样的选手。

混凝土建筑是双人项目，要想取得好成绩，首先需要每个人把所有模块的技能练到最优，然后再强强联手，组成更成熟的队伍。

有一次，制作一个复杂的钢筋笼，有一根弯起钢筋他总是做不好，几遍下来还有 2 毫米的误差。他就找到张阳光，一起到工位上找问题。两个人一研究就是几个小时，当两个人最终解决这个问题的时候，天已经黑了。

潜心修炼

不久之后，学校正式推荐张阳光和刘锦豪组成搭档，参加世界技能大赛混凝土建筑项目校内集训，备战第46届世界技能大赛。集训中，张阳光和刘锦豪经历过冰天雪地和骄阳似火的严酷训练环境。在最后一个月的冲刺训练阶段，根据世赛项目样题，他们不间断地做了多轮模拟比赛训练。

通过连续不断地训练、考核、赛前分析、赛后复盘和总结，两个人的技能战术水平不断提高，逐渐进入迎战世赛的最佳状态。

“锦豪在我们学校有两个最好的朋友，一个是张阳光，他的好搭档；另一个是实训场。”他的教练李文雁老师说道，“我真的很欣慰，能有如此优秀的学生。在现在的网络时代，别人在玩手机的时候，他们都在训练。”

破茧成蝶

自从张阳光和刘锦豪进入国家集训队后，他们连节假日都放弃了。高强度的训练，练就了他们日臻精湛的高超技艺，塑造了他们精益求精的匠人品质。

最终，张阳光和刘锦豪如愿通过严格的选拔，成为代表中国出战的选手，走进了2022年世界技能大赛特别赛的赛场。他们用自己的努力与拼搏为梦想插上了技能的翅膀，诠释了“奋斗是青春最好的底色”。

来源：郑州商业技师学院

混凝土建筑项目团队

选手

张阳光	郑州商业技师学院教师
刘锦豪	郑州商业技师学院教师

集训基地

浙江建设技师学院
江苏城乡建设职业学院
广州城建技工学校
贵州交通技师学院

技术指导专家

刘建忠	江苏苏博特新材料股份有限公司副总工程师、研究员级高级工程师
叶建雄	重庆大学教授
刘　钊	中交路桥华东工程有限公司高级工程师
张国华	浙江建设技师学院高级讲师、技师

教练

骆圣明	浙江建设职业技术学院工程师、技师
张悠荣	江苏城乡建设职业学院教授、高级工程师
倪峻坡	浙江建设技师学院讲师
陈君辉	广州城建技工学校高级技师
崔鲁科	贵州交通技师学院高级讲师、技师
李文雁	郑州商业技师学院讲师、技师

翻译

郑思涵	河南化工技师学院助理讲师
赵亚男	江苏城乡建设职业学院副教授

旭日东升　青春逐梦

——记 CAD 机械设计项目铜牌获得者　郑旭升

在 2022 年世界技能大赛特别赛法国赛区闭幕式上，经过 4 天与韩国、法国、英国等其他 20 个国家和地区选手的激烈角逐，来自广州市工贸技师学院的中国选手郑旭升摘下 CAD 机械设计项目铜牌。

与世赛初结缘

2015 年，初中毕业的郑旭升取得了不错的中考成绩，但他没有选择就读普通高中，而是报名了广州市工贸技师学院计算机广告制作与设计专业。报到当

天，他第一次知道世界技能大赛，并得到了学院世赛精英班将要招新的消息，“像师兄们那样，站上世界最高技能领奖台，身披国旗、为国争光，多么光荣而有意义。”郑旭升瞬间有了进入精英班的冲动。于是，他主动了解各精英班项目。在学院 CAD 机械设计项目国家集训基地，各种精美图纸、精巧作品深深吸引了他的目光，“它们就像艺术品一样，我喜欢。”最后，历经几轮选拔，高分段的郑旭升被引荐进入 CAD 机械设计项目精英班，开始了他的世赛逐梦之旅。

功夫不负有心人

2016 年，郑旭升迎来了人生第一次技能竞赛实战。在广东省 CAD 图形设计职业技能竞赛中，初出茅庐的郑旭升以第 4 名的成绩获得一等奖。国家级技能大师林泽生惊喜于这个 17 岁帅小伙的竞赛天赋，激励郑旭升勇往直前，朝世界技能大赛舞台奋进。“教练告诉我，想成为国手代表国家出赛，可是要经历九九八十一关，但我不怕！”面对未知的重重挑战，郑旭升意志坚定，愈发刻苦训练。

努力没有被辜负，在接下来的各级技能竞赛、世赛选拔赛中，郑旭升收获满满：第十届“高教杯”全国大学生先进成图技术与产品信息建模创新大赛个人全能一等奖、2017 年金砖国家技能发展与技术创新大赛机电技能大赛二等奖、第 45 届世赛广州市选拔赛第一名和广东省选拔赛第二名……虽然在第 45 届世界技能大赛层层选拔中，郑旭升最终遗憾止步于备选选手，但他获得了随队前往俄罗斯喀山赛场的机会。

在俄罗斯喀山第 45 届世赛赛场上，他见识了世界各国优秀的选手，被他们分秒必争、奋勇拼搏的竞赛精神感动至深。那一刻他便暗自下定决心，下一次一定要踏上世赛的舞台，为中国赢得奖牌。

再战特别赛

回到学校后，郑旭升开始投入第 46 届世界技能大赛备赛当中，时代眷顾奋斗者，星光不负赶路人，经历了层层选拔，郑旭升整体成绩始终稳居第一名，在第一轮国家队十进五选拔当中郑旭升取得了第一名。

但命运好像爱开玩笑，临近选拔的时候，比赛有了变故。得知消息的郑旭升并没有难过，长时间的历练让郑旭升的内心变得无比强大。

正当郑旭升准备开始找工作的时候，2022 年世界技能大赛特别赛的“战帖”将他召回，郑旭升如愿地成为一名“国手”。这是一件无比光荣的事，但也是沉重的，意味着要肩负重任，肩负着大家的厚望。

“技术上你没有任何问题，心态的调整尤为重要”，在教练的教诲和开导下，赛场上的郑旭升变得更加自信和坚定。

“能取得今天的成绩，一路上，需要感激的人太多太多！”郑旭升说，未来郑旭升计划继续深造，提升学历和技能水平，潜心筑梦，技能报国。

撰稿：萧素琴　图片提供：林斌

CAD 机械设计项目团队

选手

郑旭升	广州市工贸技师学院教师

集训基地

广州市工贸技师学院
晋城技师学院
苏州技师学院
龙岩技师学院
山东劳动技师学院
成都飞机工业（集团）有限责任公司

技术指导专家

杨伟群	北京航空航天大学副教授
温广云	深圳泓安机电设备有限公司副总经理
吴洪东	广州市机电技师学院院长、高级技师

教练

温广云	深圳泓安机电设备有限公司副总经理
林泽生	广州市工贸技师学院高级讲师
张红志	晋城技师学院一级实习指导教师
王英玲	苏州技师学院机电工程系副主任、高级讲师
陈　聪	龙岩技师学院讲师
徐雪彦	山东劳动职业技术学院讲师
董光亮	成都飞机工业（集团）有限责任公司高级工程师

翻译

曾　幸	江苏省盐城技师学院教师
曾慧姮	广州市工贸技师学院教师

征途是星辰和大海

——记网站设计与开发项目铜牌获得者　梁俊

2022 年 10 月 17 日，2022 年世界技能大赛特别赛韩国赛区圆满落幕。梁俊代表中国出战，在网站设计与开发项目斩获铜牌，实现了在该项目上奖牌零的突破。

图书馆的守望者

在辅导员眼中，梁俊的特点就是好学。辅导员回忆道：“初见梁俊的第一印

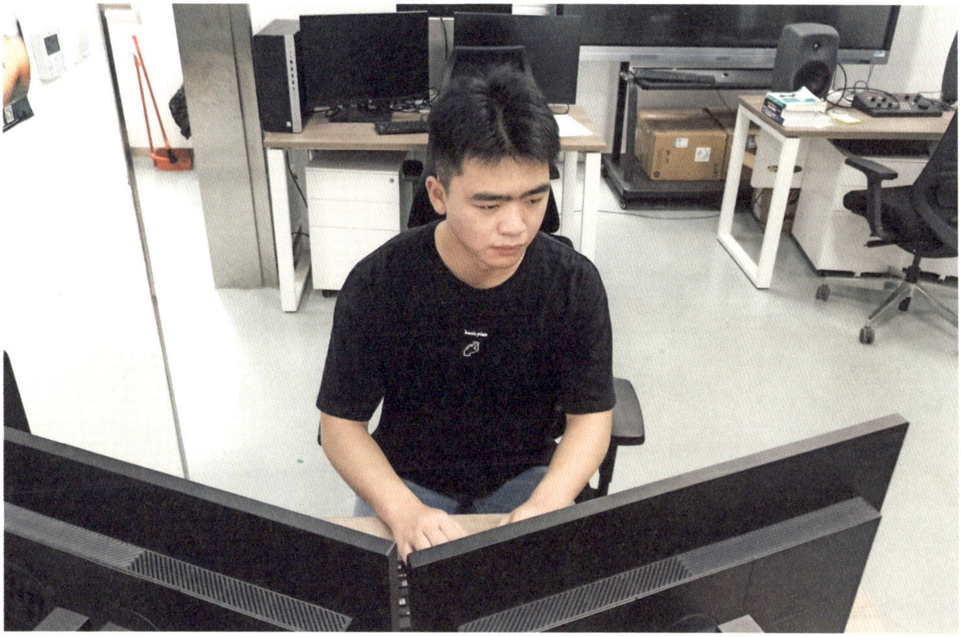

象是阳光、好学，跟心中的技术男完全搭不上边。记得当时我们拍集体照时，需要书做道具，问同学们谁包里有书，同学们不约而同指向了梁俊，他的书包鼓鼓的、沉甸甸的，全部是书。”辅导员了解到，即便没有课，梁俊也会背着书，这样方便到图书馆学习。梁俊的这个习惯一直到现在都保持着，日复一日，风雨无阻。

在同学们眼中，梁俊的突出特点就是自律。梁俊的同班同学说：“如果非要用一个词语描述梁俊的特质，那我会毫不犹豫地说是自律，他有一个很契合的外号是‘图书馆守望者’。”有一位同学回忆：“大一的时候，我几乎每次去图书馆，都能在图书馆看到梁俊的身影。”有的同学问过梁俊：“你为什么可以每天都那么规律地出现在图书馆，而且一学就是一整天，最近没什么考试要准备呀。”他回答道：“自律是解决人生问题最主要的工具，也是消除人生痛苦最重要的方法。如果不想在考试前抓耳挠腮的话，就得从平时开始做准备。”梁俊身上最难能可贵的是他身上有种气质，一股子正能量，那种看不见、摸不着的气场能够感染他身边的朋友。很多同学表示：“一有空，我们就去图书馆找梁俊学习，他让我们在不知不觉中成为更加优秀的自己。”

学以致用

全英文的教学方式以及梁俊好学的特质，为梁俊的英文打下了坚实的基础。对英语的学习，他秉承着要将英语当作工具来使用的理念，达到以用促学的效果。在日常学习工作中，他会将手机、电脑等系统设置成英文，主动浏览英语文章及视频，主动创造一个英文的学习环境。在课余时间，他主动接触了解国外最新技术文章，为了练习纯正的发音而跟着新概念英语一遍遍地练习。这令他英语的书面阅读及口语听力大幅提升，也使得他在比赛中无需使用翻译软件，能够直接无障碍地阅读及理解比赛赛题，避免了翻译软件对于专业词汇翻译不精确而导致的歧义。

厚积薄发

2022 年 9 月中旬至 11 月下旬，2022 年世界技能大赛特别赛在欧洲、亚洲和美洲分散举办。我国第 46 届世界技能大赛 34 个项目备赛选手、专家和翻译等共 146 人组建中国代表团，分赴德国、瑞士、韩国、日本等 7 国参赛。梁俊作为网站设计与开发赛项目的中国选手，于2022年10月13日—16日在韩国参加了比赛。

网站设计与开发项目具有技能要求高、参赛人数多、项目竞争激烈等特点，该项目要求选手熟练掌握网站设计和开发技能，主要包括前端脚本模块、后端应用模块、内容管理系统模块、竞速模块在内的网站全站开发竞赛项目。这就要求选手不仅专业能力突出、综合素养全面，还要临场应变敏捷、心理素质良好。

高技能的背后，是严苛的训练，梁俊也不例外。多少个日夜，不眠不休，只为心中小小的梦想——为实现制造强国贡献自己的青春力量。在参赛过程中，梁俊积极主动、直面挑战、沉着应对，经过四天的激烈角逐，终于摘得铜牌，也刷新该项目中国历史最好成绩。

来源：上海第二工业大学　图片提供：初英智　冯家乐

网站设计与开发项目团队

选手

梁　俊	上海第二工业大学学生

集训基地

上海信息技术学校
江西省电子信息技师学院
福州第二技师学院
漯河技师学院
广州市工贸技师学院
贵州省电子信息技师学院

技术指导专家

张　凌	上海随训通电子科技有限公司技术总监
秦　勤	中慧云启科技集团有限公司技术总监
盛新原	阿里巴巴集团盒马事业部前端高级工程师

教练

吴迎祥	上海信息技术学校技师
冯家乐	上海谊信职业技能培训中心教师
吴小华	江西省电子信息技师学院讲师
陈　琛	福州第二技师学院教师
张　建	漯河技师学院教师
李　骞	广州市工贸技师学院教师
徐　兴	贵州电子信息职业技术学院高级讲师

翻译

段宜宏	云南技师学院（云南工贸职业技术学院）国际交流合作中心主任、讲师
刘娜娜	上海信息技术学校讲师

做守护健康的天使

——记健康和社会照护项目铜牌获得者　吴怡欣

2022 年 10 月 23 日 20 点 30 分，从法国波尔多传来令人振奋的消息：经过连续 4 天激烈角逐，与 10 位“模拟病人”交手过招，来自上海的 95 后女教师吴怡欣，代表中国队喜获 2022 年世界技能大赛特别赛健康和社会照护项目铜牌。

这是我国选手第二次站在世界技能大赛健康和社会照护项目的赛场上，也是我国选手在该项目获得的首枚奖牌，实现了历史性突破。

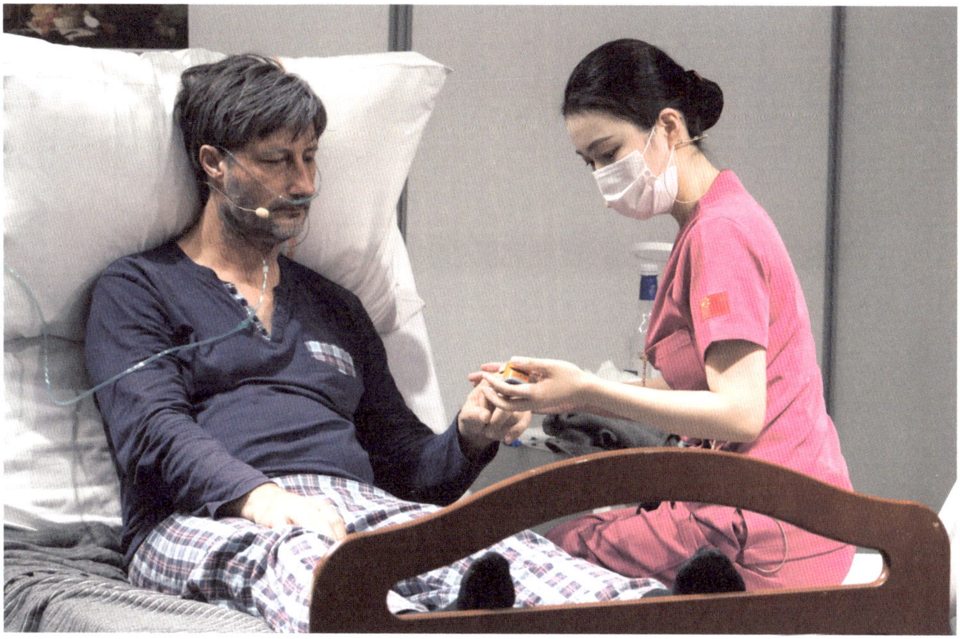

面对挑战　勇往直前

起初吴怡欣对这个比赛项目十分茫然：比赛项目分不同场合和不同病种，更看重交流，并且要求英语作答。语言系统的转换和理论知识的运用，无疑都让吴怡欣倍感压力。

由于世赛要求选手用英语进行交流，而吴怡欣最初的英语表达并不尽如人意。在教练的帮助下，她客观分析了自己的优势和不足，为自己制定了一个“小目标”，每天做好学习笔记和反思日记，力求将自己专业知识扎实的优势发挥到极致，并不断提升英语交流能力。就这样，从最初不很顺畅甚至夹带大量中式英语的口语，到后来能够快速反应，流利交流，这都是吴怡欣在一遍遍的自我训练和外教指导中取得的进步。她说：“语言并不是沟通的障碍，不关注病人真实感受，缺乏同理心，这才是沟通交流的真正障碍。”

在一次在线展示乳腺癌患者照护的案例推演中，由于选手身边都没有实训用物，只能以口头表达为主，轮到吴怡欣展示时，视频中她为病人指导引流管的护

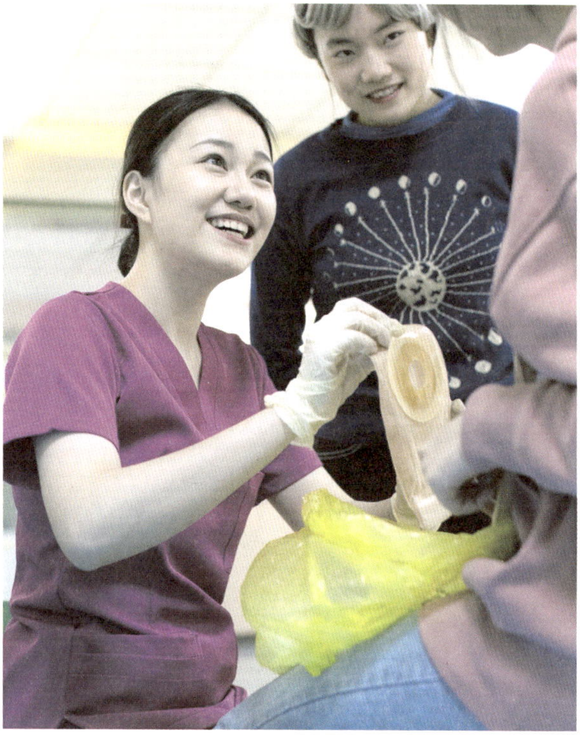

理，只见她手持一根数据线，一边演示一边介绍，形象生动，受到了行业专家的赞许。

在国家集训队的训练中，吴怡欣通过接触真实的照护对象、感受真切的照护场景，收获了临床独有的人文关怀和解决问题的能力。集训中她渐渐明白原来医学温暖的传递方式有很多种，哪怕一个微笑、一个点头都可以胜过千言万语。吴怡欣感叹道："人文关怀这项'软服务'需要贯穿在健康照护的全过程中，我们关注的不再是某个医学诊断，不再是某个疾病护理，而是照护对象的生理和心理。"吴怡欣从最初与照护对象的拘谨交流到后来的温情流露，背后是健康和社会照护人文关怀理念的渗透，也是理念转为实践的成果。

坚持不懈　世赛圆梦

2022 年 5 月世界技能组织宣布第 46 届世界技能大赛取消，起初吴怡欣内心受到了极大的冲击，她感到不甘，在家门口的世赛却无缘参加，她以为自己就止步于此。但峰回路转，过了一个月，世界技能组织通知要举办 2022 年世界技能大赛特别赛，这一下点燃了吴怡欣再征世赛的梦想！她心想"并不是所有事情都有第二次机会的，再辛苦也要再拼一次，不给人生留下遗憾！"

吴怡欣在仅三个月的集训冲刺中，全身心投入训练。随着训练强度的增加和为国出征的日子慢慢逼近，吴怡欣顶住压力，刻苦训练，以良好的状态出现在世

赛赛场上。这期间吴怡欣有过彷徨，有过崩溃，有过喜悦，洒过汗水，流过眼泪，也体验过孤独。这一路走来，吴怡欣多了一份训练生活的自制与自律，多了遇到瓶颈与困惑时的淡定与沉稳。

技能成才，技能报国。世赛的舞台让吴怡欣发现了更多可能，挖掘更多潜力，结识优秀技能人才，成就更好的自己。

撰稿：徐淑芹　图片提供：林斌　魏继红

健康和社会照护项目团队

选手

吴怡欣	上海健康医学院教师

集训基地

上海健康医学院
黑龙江省林业卫生学校
山东医药技师学院
河南医药健康技师学院
重庆市卫生技工学校

技术指导专家

周　嫣	质思安认证（北京）有限公司独立评审员、主任护师
谢　晖	安徽省蚌埠医学院护理学院院长、教授
梅建国	重庆市卫生高级技工学校校长、高级讲师
张亚丽	河南医药健康技师学院健康服务管理系副主任、高级育婴员、高级健康管理师、主管护师
刘则杨	北京大学医学网络教育学院副教授
宋　冉	上海智汇未来医疗服务股份有限公司医疗总监

教练

徐淑芹	上海健康医学院 护理和管理学院主任、讲师
储　奕	上海健康医学院讲师
栾丽娜	黑龙江省林业卫生学校讲师
来庆专	山东医药技师学院二级实习指导教师、高级养老护理员

翻译

曾文绮	深圳技师学院教师
林　璐	河南医药健康技师学院讲师

第四篇　优胜奖

兴趣使然　执着逐梦

——记网络系统管理项目优胜奖获得者　黄金强

在 2022 年世界技能大赛特别赛韩国赛区闭幕式上，获得网络系统管理项目优胜奖的中国选手黄金强热泪盈眶，激动地挥舞着国旗，隔着屏幕向远在广州观看直播的父母报喜：“我终于登上世界技能巅峰的领奖台！”

技海畅游中成竞赛好苗子

“我喜欢研究电脑，学一门与电脑相关的技能，未来也能傍身。”2016 年，

初中毕业的黄金强选择报读广州市工贸技师学院，成为计算机网络应用专业的一名学生。兴趣使然，黄金强除了在课堂上紧跟老师学习专业知识，课外时间还会自学编程，并寻思着要找准钻研领域，在专业指导下进行学习。

技能的成长是个漫长而曲折的过程。起初，在精英班内部考核中，黄金强成绩虽然保持在前三名，但总有浮动、发挥不稳定。他的教练黄道金对他有着不一样的期许，因此也有着不一样的高要求。在黄道金教练的帮助下，黄金强找到适合自己的训练方式。黄金强在客户端与服务器环境中针对不同系统进行网络服务配置，掌握服务搭建方法、实现服务最终效果。他在网络环境部署中透彻分析网络拓扑，熟悉网络协议之间的关联性，从底层到高层一步步搭建网络环境，再到实现网络安全可靠的数据传输。黄金强在技能学海中畅游、状态渐入佳境。

经过不懈努力，黄金强过五关、斩六将，在一次又一次的竞赛中胜出，获得第 46 届世界技能大赛网络系统管理项目广东省选拔赛、第 46 届世界技能大赛网络系统管理项目广东省集训队选拔第一名，夺得第一届全国职业技能大赛网络系统管理项目金牌，并在第 46 届世界技能大赛网络系统管理项目国家集训队首次阶段性考核中拿下第一。

圆梦世赛是过程胜于结果

第 46 届世界技能大赛在 2022 年赛前几个月宣布取消，黄金强为此低迷了好一阵时间。但很快，举办 2022 年世界技能大赛特别赛的好消息又传来了。一听到这个好消息，黄金强瞬间从失落状态调整进入冲刺状态，每天充分利用好每一寸光阴，专心练习研究样题。最后阶段训练以冲刺为主，更多精力放在真题练习上。每一套真题，黄金强与教练们一起全面分析试题，把难点揪出来，一一突破。每天早上 7 点开训，直至攻破当天所有难点后才会休息，回到宿舍往往已经是晚上 12 点。每突破一个难点，黄金强的信心便增加一分。直至赛前，黄金强已是信心满满。黄金强还是个细节控，尽管韩国只比我国时间快一小时，但黄金强都为此提前做好调整生物钟以适应时差的准备。

一切就绪，是时候上战场了！2022 年 10 月 13 日，选手广州市工贸技师学院黄金强、指导专家广州科技贸易职业学院田钧、翻译河南医药健康技师学院林璐组成该项目中国参赛团队，与来自韩国、哥伦比亚、新加坡等 21 个国家和地区的选手一决高下。

在世界技能大赛特别赛开赛之前，黄金强已能镇定自若、处变不惊。比赛前三天，他发挥正常，平时怎么练就怎么上，一切顺利。唯独在最后一天秘密挑战中的 PT 排错环节，黄金强发挥不理想，“这个环节历时 2 小时，题目实时出分，前 1 小时我拿了 57%，最后一小时没有找出问题，所以分数就此止步。”最终，黄金强以总分排名第六的成绩获得了该项目优胜奖。谈及此，黄金强虽有点遗憾，但他深知胜负乃兵家常事，过程胜于结果，没有拿到更好的成绩，说明自己还有很大的进步空间，从比赛中提升自己，胜不骄、败不馁，才是一名优秀选手应有的素质。

对于未来，无论是留校当教练还是到企业技能岗位工作，黄金强表示自己都将继续努力，夯实所学技能，用自己的一技之长，做一个对社会、对国家有用的人！

撰稿：方常亮　萧素琴　马木兰　图片提供：初英智　萧素琴

网络系统管理项目团队

选手

黄金强	广州市工贸技师学院教师

集训基地

广州市工贸技师学院
嘉兴技师学院
安徽阜阳技师学院
贵州省电子信息技师学院
太原市高级技工学校（太原技师学院）

技术指导专家

田　钧	广州科技贸易职业学院现代教育技术中心主任、教授
常建有	太原市高级技工学校（太原技师学院）信息通信系主任、副教授
刘炎火	集美工业学校信息工程产业系主任、正高级讲师
魏　亮	江苏省未来网络创新研究院高级工程师

教练

黄道金	广州市工贸技师学院技师
李群嘉	广州市工贸技师学院技师
肖　威	广州市工贸技师学院高级技师
王登州	嘉兴技师学院讲师
李　智	贵州省电子信息技师学院讲师
李　辉	安徽阜阳技师学院讲师

翻译

林　璐	河南医药健康技师学院讲师
李　珺	荆门技师学院讲师

智慧编程 技能圆梦

——记商务软件解决方案项目优胜奖获得者 王旭政

2013 年，王旭政正在上初中，那时他学习成绩不理想，中考之后选择了技工院校继续就读，但正是这个在王旭政当时看来是无奈之举的选择，却对他的人生有着转折性的意义。

2016 春季入学时，王旭政报了自己感兴趣的程序设计专业，尽管一开始在学习上比较吃力，但王旭政依然坚持做到按时上课、认真听讲、认真练习。

2017 年暑假，王旭政有幸选被选进了商务软件解决方案项目校集训队，可

以说这是他人生的里程碑，也是他真正转变的起点。学校特别重视技能竞赛工作，开展了商务软件解决方案、平面设计、网络布线、工业控制、木工类、机械设计CAD等若干个项目训练，各项目以梯队形式培养选手，王旭政是第三梯队，主要是准备参加第46届世界技能大赛。

集训队的训练比较严格，没有寒暑假，只有周日休息半天，用来洗衣服整理宿舍做简短的调整，过年的时候会放一周的长假，但过了初五就要开始训练，每天的训练时间都在11个小时左右。同王旭政一起被选入校集训队的有8个人，经过一段训练后，大部分人都相继离开了，而王旭政却一直坚持了下来。

第44届世界技能大赛比赛结束后，王旭政就参与到了第一梯队的训练中，这期间王旭政看到了自己的不足和差距，从而更加主动地学习训练，专业技能进步非常迅速。

2018年河北省举办了第45届世界技能大赛河北省选拔赛，在一年多没日没夜的学习训练后，王旭政在这次比赛中取得了第三名的成绩。

第45届世界技能大赛结束后，王旭政成了第一梯队的选手，这时王旭政才逐渐对比赛有了更深层次的理解，“比赛不仅是各个选手在争夺荣誉和奖励，而且是促进技能提升的平台，不断参加竞赛的过程，就是不断打磨自己的过程，就是技能不断提升的过程。”此时，王旭政除了庆幸自己当年的选择之外，也感受到了更大的压力。

随着比赛成绩的稳步提高，王旭政也赢得了越来越多的认可和肯定。同时，在训练与生活中，学校也对王旭政给予了大力支持与鼓励，这些都成为他备战第

46 届世界技能大赛的动力。

2022 年 5 月，世界技能组织决定，第 46 世界技能大赛不再举办。听到这个消息时，王旭政几乎要崩溃，就好像自己在走一条路，走了五年多的时间，在快到终点的时候看到了“此路不通”的提示牌，心酸和无奈涌上心头。

看到这种情况，学校和老师对王旭政及时进行了心理疏导，让他逐渐明白，即使不能参赛，自己也从这个过程中获得了成长和历练，这些都会成为个人日后发展的宝贵财富。

上天总会垂青有准备的人。世界技能组织决定举办 2022 年世界技能大赛特别赛，王旭政终于等到了的大展拳脚的机会。

2022 年 10 月，王旭政在 2022 年世界技能大赛特别赛韩国赛区参加了商务软件解决项目的比赛，并获得优胜奖。至此，王旭政的技能比赛生涯也画上了句号。

从起初被动选择学习一技之长，到现在对技能成才之路充满信心，王旭政凭借自己的不懈努力和坚持，走出了一条属于自己的技能成才之路。

来源：邢台技师学院　图片提供：王益亮

商务软件解决方案项目团队

选手

王旭政　　邢台技师学院教师

集训基地

邢台技师学院
上海商学院
苏州技师学院
烟台市技师学院

技术指导专家

韩素华　　邢台技师学院教授
王卫红　　河北经贸大学教授
孟庆华　　上海商学院副教授
杜　润　　苏州技师学院高级实习指导教师、高级技师

教练

张育才　　邢台技师学院讲师
王一栋　　邢台技师学院高级讲师
刘　伟　　烟台工程职业技术学院讲师

翻译

余泓达　　贵州交通技师学院教师
高敬宙　　邢台技师学院讲师

静待花开终有时

——记平面设计技术项目优胜奖获得者　欧阳婉青

五年，备战两届世赛，终获奖牌。2022 年 10 月 17 日，瑞士阿劳，世界技能大赛特别赛（以下简称“世赛”）的领奖台上，中国选手欧阳婉青手举国旗，低头迎接这枚来之不易的奖牌。这是我国连续四届世界技能大赛参加该项目，也是第四次获奖。

迷茫，寻找方向

欧阳婉青出生于广东省深圳市的一个普通家庭，父母早出晚归的工作供她读

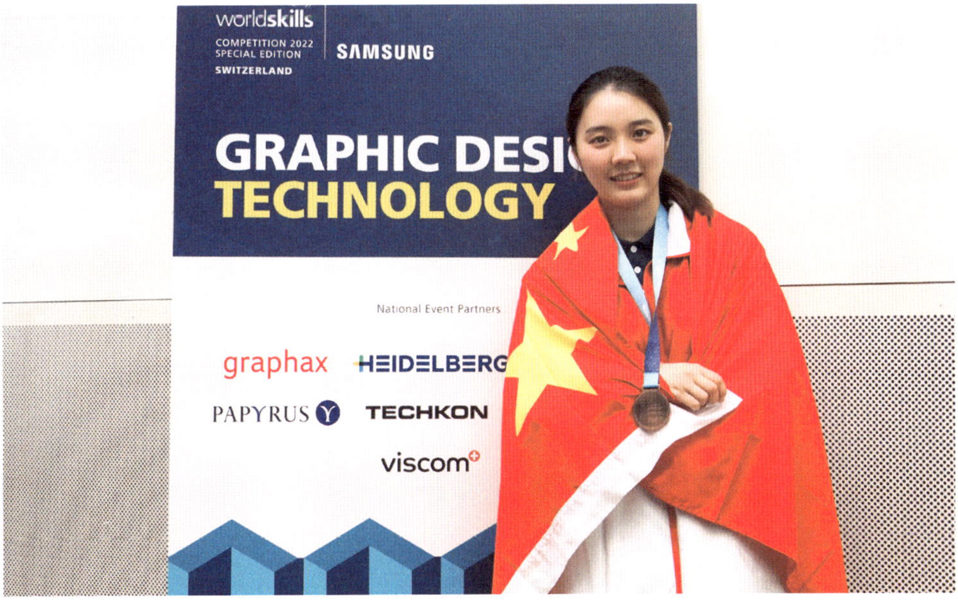

书，欧阳婉青从小内向，但很独立。

为了不让家庭的经济负担更重，欧阳婉青选择了深圳技师学院。“在技校中学习到一项技能，以一技之长证明自己。”欧阳婉青在心中已然有了决心。

刚入学，欧阳婉青对广告设计专业不够了解，从专业基础学起，慢慢地对设计提起了兴趣，更加努力地钻研。在有了目标后，她一股脑将时间都投入在专业学习中，她也很快在班级里名列前茅。

在技能中成长，在世赛中追寻梦想

在深圳技师学院学习的第二年，恰逢第 43 届世界技能大赛在巴西举办。设计学院的马韦欣师姐荣获平面设计技术项目优胜奖，在学校组织的座谈会上，听了师姐参加世赛的经历，欧阳婉青心里对参加世赛埋下了向往的种子。第 44 届世界技能大赛，方悦芝师姐获得了平面设计技术项目银牌，再次深深地鼓舞了她。

“希望我也能像师姐一样，在专业的技能舞台上闪闪发光！”欧阳婉青说，她也希望自己学习的一技之长能够让人看见，被肯定，追寻自己的梦想。

滴水穿石，锲而不舍

经历了层层选拔，欧阳婉青终于进入第 45 届世界技能大赛平面设计技术项目国家集训队。国家集训队高手云集，在吸取经验的同时，她也与选手们交流经验。在经历了深圳市选拔赛、广东省选拔赛、全国选拔赛，以及国家集训队内的两轮考核赛后，最终获得了国家集训队的第二名，成为第45届世界技能大赛平面设计技术项目国家队备选选手。

虽然没能代表中国出征第45届世界技能大赛，在两年的集训和2019年8月喀山世赛现场观摩中，欧阳婉青感受到了来自不同国家同台竞技的技能魅力，她重新燃起了梦想，在心中暗下决心，“要继续备战下一届世赛！”

欧阳婉青首先参加了学校人才培养的“菁英计划”，世赛教练团队针对欧阳婉青的技术特点，制订了培养计划，设置了大量的训练内容，其中包含了欧阳婉青不太擅长的设计类型。欧阳婉青在完成训练内容的同时，也实践了许多真实企业项目。此外，她还兼任专业课老师开展基础课程教学，在传授学生知识的同时，也加强了自身理论素养。

技能成才之路，不忘初心

在等待了将近两年后，欧阳婉青再次回到国家集训队。面对队友的强劲实力，世赛的高标准和综合要求，她保持平常心，重新回到全年无休的备战状态，扎实训练。经第46届世界技能大赛平面设计技术项目国家队集训队考核，欧阳婉青最终取得第一名，获得世赛入场券。

五年，两次冲击世赛。“陪跑”过，离开过，却从未放弃过。

“每个人拥有独特的天赋和能力。无论选择哪一条人生道路，只要秉持谦逊进取、精益求精的工匠精神，仰望星空的同时脚踏实地，就能发光发热。”欧阳

婉青通过技能竞技，让曾经迷茫的自己找到了属于自己的梦想。

在成为世赛选手的五年，欧阳婉青已经有了扎实的专业技能、永不放弃的精神、直面困难的勇气，未来还有很多风景等待着她去探索。

来源：深圳技师学院

平面设计技术项目团队

选手

欧阳婉青　　深圳技师学院教师

集训基地

深圳技师学院
杭州轻工技师学院
江西省电子信息技师学院
山东劳动技师学院
抚顺市技师学院

技术指导专家

徐伟雄　　深圳技师学院设计学院院长、教授
陈　渊　　杭州轻工技师学院高级讲师
秦　衡　　深圳数尚文化传播有限公司高级工艺美术师
孟　昕　　山东劳动职业技术学院副教授

教练

谢　臻　　深圳技师学院工艺美术师
刘文贤　　深圳里程文化传播有限公司总经理、设计总监
张建强　　江西省电子信息技师学院讲师
刘聪聪　　深圳技师学院讲师
那　航　　辽宁省抚顺市技师学院讲师
许子龙　　深圳技师学院讲师、工艺美术师

翻译

高敬宙　　邢台技师学院讲师
曾文绮　　深圳技师学院教师

巧手建新业

——记木工项目优胜奖获得者 王纵横

当地时间 2022 年 10 月 14 日，2022 年世界技能大赛特别赛木工项目在瑞士巴塞尔落下帷幕，王纵横代表中国参加了该项目的比拼，获得优胜奖。

王纵横 2021 年毕业后便凭借突出的技能水平留校任教，成为黑龙江林业职业技术学院首位“00 后”实训教师 。

2000 年，王纵横出生在黑龙江省齐齐哈尔市一个普通家庭，父母均是农民。他的太爷爷和爷爷都是木匠，他小时候经常跟着长辈们学做一些木工。他喜欢

钻研，动手能力特别强，从小到大都是父母眼中的骄傲。

“传统木工工具的操作枯燥且无趣，很多学生训练一周后就耐不住寂寞，退出了学习。”在辅导员王艳福眼里，王纵横做事专注认真，只要认准了路，无论遇到什么困难都会坚持走下去。在三年时间里，王纵横留给王艳福最深的印象是认真刻苦 。据王艳福介绍，王纵横在入学之初，便为自己定了目标，每天按时完成一定的任务量，“他挺能吃苦的，每天早上不到 8 点就到实训基地，把各项准备工作完成，每天晚上 11 点半把实训基地打扫干净再离开。如果遇到难题，他甚至研究到凌晨 2 点才回到宿舍休息。”

为了参加技能大赛，他成了学校训练基地内最刻苦的学生，每天研究如何能够准确地理解图纸内容，找准切割点和基准面。教练每次出完题后，王纵横会先和同学们一起理解图纸，然后进行放样，接着返线、加工，最后组装。据王纵横介绍，放样就是绘图，刚开始他以为绘图很简单，但时间长了发现自己绘制的图漏洞百出，最后制成实物时根本无法组装。

因为这些图纸都要手绘，无法用电脑，王纵横就强逼着自己训练手绘技能。王纵横表示，具体画了多少图，他也不记得了，反正只要有空就会挤出时间去绘图。王纵横笑着说：“这对大脑的思维转换能力要求特别高，掉了不少头发！”

“在户外大型木质结构建筑构造方面，能够把误差范围控制到这么小是非常难的。”据王艳福介绍，世界技能大赛木工项目要求榫结合缝隙公差控制在 0.5 毫米内，尺寸公差控制在 1 毫米以内，无论是放样、返线，还是加工、组装，每一道工序只要出现一点误差，就会造成非常大的累积误差，但在世界技能大赛预赛木工项目中，王纵横的尺寸和缝隙分数基本都是满分，误差范围控制在一根头发丝的宽度。

传承技艺

“王纵横技艺精湛，还肯吃苦，在比赛中发挥稳定，指导队友也很耐心。我当时就想，这学生特别适合做实训老师。”王纵横毕业后，学校老师便动员他留校任教，希望他把手艺传授给学弟学妹们。

“我所有的技术都是学校老师教给我的，现在有机会能够留校任教，把这些技术教给学弟学妹们是一件非常有意义的事。从学生到老师，感觉自己身上的责任更大了。”对于学校的热情相邀，王纵横爽快地答应了。

"'00后'的老师竟然能教'00后'的学生!""老师只比我大两岁，太有趣了。"在学校里，王纵横刚毕业就留校当起老师，是一件稀奇的事。学弟学妹们很喜欢这位年轻老师，常常向他请教问题。

王纵横在进入国家集训队之后，依旧勤奋刻苦、坚持不懈，最终以第一名的综合成绩获得代表中国参加2022年世界技能大赛特别赛木工项目的资格。

在2022年世界技能大赛特别赛木工项目的赛场上，王纵横面对技术规则的大幅改变，沉着应战，在22个小时内依据现场提供的材料、设备设施及比赛要求，安全、快速、准确地完成了放样、画线、零部件加工、表面处理、组装等环节的比拼，经过4天的激烈比拼，最终获得了大赛优胜奖，用自己的巧手打造了一片属于自己的天空。

撰稿：闫春旭

木工项目团队

选手

王纵横	黑龙江林业职业技术学院教师

集训基地

重庆万州技师学院
邢台技师学院
黑龙江林业职业学院
深圳鹏城技师学院

技术指导专家

张志刚	黑龙江林业职业技术学院家居工程学院院长、教授
王艳福	黑龙江林业职业技术学院高级技师
巫晓金	广州市轻工技师学院高级技师
张正然	重庆市万州区正然实业有限公司总经理、高级技师
陈秋宇	重庆万州技师学院高级技师
谢健山	深圳鹏城技师学院高级技师

教练

张志刚	黑龙江林业职业技术学院家居工程学院院长、教授
徐　颜	黑龙江林业职业技术学院高级技师
廖本祥	重庆万州技师学院高级技师
傅泽勋	亚振家居股份有限公司高级技师
王军强	邢台技师学院技师

翻译

马　丽	湖北东风汽车技师学院基础课部副部长
王　瑾	湖北三峡技师学院教师

绽放靓丽“技能之花”

——记花艺项目优胜奖获得者　杨灵芝

芬兰时间2022年10月24日，2022年世界技能大赛特别赛芬兰赛区比赛闭幕。经过4天的激烈角逐，上海农林职业技术学院植物科学技术系教师杨灵芝获得2022年世界技能大赛特别赛花艺项目优胜奖。

坚定不移守初心

杨灵芝，仡佬族，1999年11月出生，现任上海农林职业技术学院教师。在

花艺上她起步比较晚，2019年2月杨林芝还在上海农林职业技术学院读书，当时有位同学邀请她一起参加花艺比赛，她就这样懵懵懂懂、误打误撞走上花艺之路。在她了解了世界技能大赛，并将参加世赛作为自己的目标后，她将“技能成才，技能报国”作为自己的初心使命，在第46届世界技能大赛集训基地上海市城市建设工程学校（上海市园林学校）、上海农林职业技术学院花艺实训中心开展轮训，每天要进行七八个小时的专业训练，设计完成2~3件作品，慢慢地从接触花艺、了解花艺到苦练花艺。最终，杨灵芝守住初心，凭借着艺术天赋和不懈努力踏上了世赛征程。

技能之花香满径

通常女孩都有一双纤纤玉手，但由于长期和花枝花秆打交道，杨灵芝的双手同其他女孩的相比略显粗糙，她却毫不在意：“比起对花艺的着迷，这些都不算什么。我希望能够像朱老师一样，通过自己的双手把植物最有灵性的一面展示出来。”备赛集训期间，在专家朱迎迎和教练项一鸣的指导下，杨灵芝完成了一件又一件精致的花艺作品，而作品背后既要有编细叶、裁红花的巧手，又要有锯粗枝、搬重器的力量，需要反复训练，做了又做，改了又改，她就在琢磨这一花一木、一枝一叶之间，一步一个脚印从一位花艺“小萌新”成长为获得全国职业技能大赛花艺项目金牌的技术能手，最终踏上了世界技能大赛的舞台。

匠心筑梦绽芳华

怀着对花艺的热爱，杨灵芝在毕业后成为上海市农林职业技术学院的一名青年教师，希望通过自己的努力将花艺这一融生活、知识、艺术为一体的技术传递给更多的人。她深知：“要想成为一名优秀的教师，只凭技能技巧是远远不够的，不断地提高思想水平和综合能力，才能切实担负起为国家培养技术技能人才的重任。”如今，站上 2022 年世界技能大赛特别赛赛场的她希望用自己追逐梦想、奋斗青春的实际行动来鼓舞学生、引领学生。

来源：解放网　图片提供：卡勒·帕尔基宁

花艺项目团队

选手

杨灵芝	上海农林职业技术学院教师

集训基地

上海市城市建设工程学校（上海市园林学校）
杭州第一技师学院
潍坊市技师学院
广西农业职业技术学院
重庆市九凤池荷语职业培训学校

技术指导专家

朱迎迎	上海市建设工程安全质量监督总站正高级工程师
项一鸣	上海罗唯花艺设计有限公司中国插花花艺大师、技师
潘沈涵	上海应用技术大学高级技师
陆亦炜	上海应用技术大学高级技师

教练

项一鸣	上海罗唯花艺设计有限公司中国插花花艺大师、技师
陆多佳	上海市城市建设工程学校（上海市园林学）技师
宋晓军	杭州第一技师学院高级技师
王越惠	重庆市九凤池荷语职业培训学校技师
申晓萍	广西农业职业技术学院副教授
赵洪鋆	潍坊市技师学院教师

翻译

任培怡	河北省唐山市技师学院讲师